金融自由化と金融経済教育

Financial Liberalization and
Strategy for Financial Literacy

保険料自由化に学ぶ
金融風土変革のあり方

佐藤保久
Yasuhisa Sato

関西学院大学出版会

金融自由化と金融経済教育
保険料自由化に学ぶ金融風土変革のあり方

は し が き

　本書執筆のきっかけは、筆者が明治生命に在職中の 82 年暮れ、『銀行局金融年報』に公表されていた 81 年度決算に基づく 82 年度契約者配当の利源別配当率分布状況とそれぞれの会社数を目にしたことである。何気なく読み進むうちに「うちの会社はどのグループにいるのか」と考え、さらには「一般の契約者が見ても全く理解できない公表の仕方だな」とか、「プレスリリースがなかったな」と考えたことを、今でも鮮明に記憶している。

　それ以来時間を見つけては金融年報を読み漁り、62 年保険審議会答申に行き着いた。80 年代中頃からは、隣接業界における金融自由化の進捗状況を目にする様になったが、業務範囲の自由化と大口・プロ相手の金利自由化が並行的に進められ、本書の主題である第④分野の自由化は、90 年代後半まで実施されなかった。

　「なぜ、生保だけが配当自由化なのか」という思いと、当局が配当自由化を公表した手法とが重なり、さらにそこに、97 年の日産生命の経営破綻という衝撃的ニュースが加わった。「おそらく、日産生命の契約者は、何も知らなかっただろうな」「彼等が、配当自由化の事実、なかでも日産生命の位置づけを理解していたら、どう行動しただろうか」と考え、当局の手法に疑問を持つようになった。

　筆者のこうした"思い"はさておき、まず、金融自由化の大きな流れについて、簡単に確認しておく。

　わが国では、61 年から生命保険契約者に支払われる契約者配当が自由化されていた。これは、生命保険普及率・1 世帯あたり支払保険料からみて、まぎれもなく第④分野の自由化であり、さらに、各社間の配当格差が 3 倍を上回る年度がある等、本格的自由化でもあった。なお、第④分野の自由化とは、金融取引のアマチュアが行う小口取引に関する金利・手数料・保険料の自由化であり、金融自由化を 4 分野に区分した結果誕生した筆者

の造語である（詳しくは、第1章参照）。

　にもかかわらずこの事実は、金融学者・金融業務に携わる実務家・保険契約者等関係者の多くに知られないまま80年代を迎えることとなった。その理由は極めて単純なことであった。具体的に指摘すれば、監督当局・生保業界に配当自由化の事実を関係者に公表する考えが全くなかったからである。

　したがってわが国では、79年に導入された5億円以上の譲渡性預金（CD）ならびに80年の中期国債ファンドの発売が、金利自由化の嚆矢とされており、さらに83年公共債の窓口販売・ディーリングが銀行業界に、国債担保金融が証券業界に認可されたことをもって、業務範囲の自由化が開始されたとするのが一般的見方である。それでもわが国の金融自由化は、すでに30年余の歴史を有していることとなる。

　さらに70年代後半以降を振り返ってみると、わが国の金融自由化が、金融先進国といわれている英・米・独と比較し、業務範囲の自由化に重点を置き実施されてきたことを指摘できる。この事実は、金融機関利用者一人ひとりのメリット増に直結する金利自由化より、金融機関経営に多大のメリットをもたらす業務範囲の自由化に重点が置かれていたことを示している。たとえば、預金金利が94年、株式売買手数料が99年、損害保険料が00年に自由化を完了したとなっている事実が、まさにこうした見方を正当化する。しかも、最近まで預金金利が実質的に各行横並び状態を続けていたことは否定できず、利用者が自由化メリットを享受できるようになってから、実質的には10年余が経過したにすぎない。自由化行政の軸足が、国民より金融機関にあったことは明白である。

　結果として、わが国では、金融自由化のなかで契約者配当の自由化のみが、60年代早々から関係者あるいは契約者の目にとまることなくひっそりと実施されていたのである。

　一方自動車保険に代表される損害保険料の自由化は、日米保険協議の決着という外圧が大きな要因となって短期間で実施されただけに、連日のようにマスコミで報道されるなど、いってみれば鳴り物入りで実施されたと

いってよい。それだけに先行した生保業界とは全く異なる過程を辿ったことは、衆目の一致するところであろう。

　生損保両業界における保険料の自由化過程をケーススタディしつつ、わが国における金融自由化の経緯に注目すると、いくつかの素朴な疑問が浮上してくる。たとえば、
　①　大蔵省銀行局保険部が監督していた生損保両業界で、保険料の自由化に関し、なぜこれほどの違いが生じたのか、
　②　契約者配当の自由化に関し、当局・業界は、その事実をなぜ関係者、特に保険契約者に公表しなかったのか、
　③　銀行・証券・生保・損保――いわゆる金融4業態――を比較してみると、金利・手数料・保険料の自由化に政策的整合性が全く見つけられないのはなぜか、
　④　金融機関利用者は、利用者自身のメリット増大につながる第④分野の自由化を、なぜ当局や業界に要求しなかったのか、
　⑤　あるいは、当局が主導した自由化の動向をどこまで理解していたのか、
等々が瞬時に思い浮かぶ。

　本書の狙いは、金融機関利用者がこうした疑問の答えを見つける手助けをすることにある。そこで、筆者の個人的経験を紹介しつつ、そのヒントを提示したい。
　98年4月、32年間勤務していた明治生命を早期退職し香川大学にて教鞭を取ることとなった。在職中最後の10年間程度は、毎年4月に新入職員の配属を受け、彼等を社会人として育成することが筆者の職務の一端となった。誰もが知っている有名大学を卒業していた彼等であったが、筆者には年々、彼等の能力、特に自ら考え・判断し・チャレンジする力が低下していると感じられた。指示待ち世代の登場であった。
　大学教員として演習を担当してからも、こうした感じに変化はみられなかった。なかでも、いわゆる"ゆとり教育世代"の能力低下は著しく、わ

が国の将来に一抹の不安を感じた程であった。折からの国際比較で若者達の学力低下の現実が問題となり、ゆとり教育の見直しへとつながったわけだが、「なぜ、政府や文科省は事態を放置し続けたのか」に対する回答はなかなか見つけられなかった。

　自身二つ目の大学となった流通科学大学では、商学部ファイナンス学科の必修科目である生活金融論を担当している。現代社会の基本的ルール、ライフサイクル、リスクマネジメント等社会人として生活していくための基礎的な講義が終わり、日本経済の特色、老後生活、確定拠出年金と話が展開していくと、毎年、質問が増える等彼等の受講態度に明らかな変化がみられる様になる。彼等と話をしてみると、ほとんどの学生が高校時代に金融経済教育を受講していなかったことが確認できた。

　金融自由化が進展している・政府自らが「銀行よさようなら、証券よこんにちは」とのスローガンを発信している・確定拠出年金制度が年々拡大しているにもかかわらず、政府はなぜ国民に必要な教育機会を提供しないのか、筆者のなかで極めて素朴な疑問が拡大した。本書で用いた"賢いお上と暗愚の大衆"という表現も、こうした過程で浮上した表現の一つである。

　こうして第④分野の自由化を巡る一連の動向と、金融経済教育の現状・実態が結びつき、本書の骨格が固まったのであった。

　本書は、第１章 金融自由化再考、第２章 生命保険料の自由化、第３章 保険制度改革と「日本版ビッグバン」・日米保険協議、第４章 損害保険料の自由化、第５章 金融自由化とわが国固有の金融風土、第６章 金融経済教育の充実を目指して——おわりにかえて、から構成されている。

　第１章では、第④分野の自由化と利用者との関係に焦点をあて、金融自由化について再考した。その結果明らかになったのが、日本的特殊性——本書では、それをわが国固有の金融風土と概念づけている——の存在である。

　第２章では、本書の主題である第④分野の自由化のなかで、わが国最初の事例となった生命保険料の自由化——具体的には、契約者配当・営業保

険料の自由化——について、その経緯・特色・影響等について時系列的に詳述してみた。ケーススタディその1である。

第3章では、今世紀の保険経営に大きな影響を与えた、保険制度改革・「日本版ビッグバン」・日米保険協議について、96年前後の行政・業界の動きを中心に紹介した。これは、本章で紹介した一連の動向を、わが国金融行政がいかに外圧に弱いか、換言すれば行政の視点が利用者を向いていないことを象徴するできごととして、位置づけているからである。

第4章では、ケーススタディその2として、第④分野自由化のラストランナーとなった損害保険料の自由化を取り上げ、その経緯・特色を詳述した。さらに、損保業界の主力商品である自動車保険料の自由化に焦点を絞り、経営・利用者への影響について分析した。

第5章では、金融自由化の過程で明らかとなったわが国固有の金融風土について考察した。筆者は、生命保険料の自由化開始から数えれば、今日、半世紀余が経過したにもかかわらず、各業界で自由化関連のトラブルが頻発している——しかもその中には、元本保証の有無を巡るトラブルなど金融取引における極めて基礎的な問題が多く含まれている——ことから、金融自由化がいま一つ国民各層に定着していない、と考えている一人である。本章では、その原因として、わが国固有の金融風土、具体的には、金融経済教育の不徹底・比較情報の欠落・自己責任意識の欠如が複雑に絡み合い構成された包括的概念としての金融風土、の存在を指摘している。なかでも、わが国固有の金融風土の形成に大きな役割を果たした存在として、わが国独特の官僚制を取り上げ、その功罪に触れることによって、その存在をクローズアップしてみた。さらにそうした金融風土が、90年代を境とし、いかに変革したのか、あるいは変革していないのか、についても明らかにしている。

第6章では、以上の考察の結果浮上した喫緊の課題として、金融経済教育の充実を提言した。歴史に"IF"は禁物であるが、もし80年代初めから金融経済教育が開始され、それを踏まえて後半に金融自由化に踏み切っていたら、わが国は現在、どんな国になっていたであろうか。回答を得る

ための参考例として、保険金不払い問題を取り上げた。「保険会社に勤務していた大学教師が何をいうのか」「会社に100％の責任があるに、決まっているだろう」との反発を覚悟のうえで、監督官庁の責任にも敢えて言及した。それは、金融経済教育・比較情報・自己責任が三位一体のものであることを、再確認したかったからに他ならない。

　本書の出版にあたり、多くの方々からご支援を頂いた。とりわけ業務多忙の中、資料の検索・収集に関し、生命保険協会調査部資料室・損害保険事業総合研究所図書館・日本生命図書館の職員各位に度々ご尽力を頂いた。本書の出版をもって、謝意に代えたい。
　最後に、昨今の厳しい出版事情にもかかわらず、本書の出版を引き受けてくださった関西学院大学出版会、同会統括マネージャー田中直哉氏ならびに浅香雅代氏に、深く御礼申し上げる次第である。

2011年10月31日

佐藤　保久

目　次

　　はしがき　　3

第1章　金融自由化再考 ─────────── 13

　1　はじめに　13

　2　主要国における金融自由化の経緯　14
　　(1)　三本柱と4分野
　　(2)　ドイツ・イギリス・アメリカ
　　(3)　日本

　3　共通性と特殊性の観点からみた内外比較　23
　　(1)　金融制度における共通性と特殊性
　　(2)　先進三カ国にみる金融自由化の共通性と特殊性
　　(3)　金融自由化にみる日本的特殊性

第2章　生命保険料の自由化 ─────────── 29

　1　はじめに　29

　2　経緯　30
　　(1)　48年から59年まで
　　(2)　60年から68年まで
　　(3)　69年から75年まで
　　(4)　76年から95年まで

　3　特色　53
　　(1)　監督行政主導の自由化
　　(2)　第④分野の自由化
　　(3)　実施目的
　　(4)　比較情報の実質的非開示
　　(5)　管理された自由化（クローズド・タイプ）

　4　生保経営・利用者への影響　58

第3章 保険制度改革と「日本版ビッグバン」・日米保険協議 ─── 63

1 はじめに　63
2 保険制度改革の経緯と内容　64
　(1) 経緯
　(2) 内容
3 「日本版ビッグバン」の背景と内容　73
　(1) 背景
　(2) 内容
　(3) 「日本版ビッグバン」指示後の保険制度改革
　(4) 保険制度改革における「日本版ビッグバン」・日米保険協議の役割
4 保険経営への影響　81

第4章 損害保険料の自由化 ─── 85

1 はじめに　85
2 経緯　86
　(1) 95年以前
　(2) 96年以降
3 特色　95
　(1) 監督行政主導プラス外圧による大枠の決定
　(2) 第④分野の自由化
　(3) 実施目的
　(4) 比較情報の提供
　(5) 自己責任が問われる自由化（オープン・スタイル）
4 損保経営・利用者への影響　98
　(1) 各社個別の対応
　(2) 企業合併の活発化と新規参入の実現
　(3) 業績面への影響
　(4) 利用者への影響

第5章 金融自由化とわが国固有の金融風土 ─── 119

1 はじめに　119

2　わが国固有の金融風土について　　120
　　　（1）金融風土とは
　　　（2）90年代までの金融風土
　　　（3）金融風土の変革状況

第6章　金融経済教育の充実を目指して
　　　　　おわりにかえて ───────────── 159

　巻末資料　　　　169
　あとがき　　　　187

第1章

金融自由化再考

1　はじめに

　アメリカ発の金融不祥事、いわゆるリーマン・ショックを契機とする世界経済の混乱が長期化するなかで、各国において、規制緩和の進展を強引に勝ち取った巨大金融機関が主導した「利益追求型の金融資本主義の徹底による経済・金融のグローバル化」について、そのあり方を見直しつつ個別の金融規制を改めて模索する、あるいは各国別の規制を容認する等々の動きが、表面化している。[1]

　こうした動きは、各国の金融当局が金融制度の運営において長らく重視してきた共通性と特殊性の存在を相互に尊重しあう慣行に変えて、共通性のみを重視・徹底する動きを強めた結果、今回の世界的不況をより長期化させてしまったことへの反省とみることができよう。

　一方わが国では、生保業界を除き、金融の国際化が進展した80年代なかば頃より金融自由化に踏み切り、96年の橋本首相（当時）による「日本版ビックバン」指示を経て今日に至るわけだが、その過程において余りにも日本的特殊性の存在を軽視し欧米流の自由化を徹底しようとしたことが、かえって市場の混乱を招き、いまもって、金融自由化が国民各層に理解され定着したとは認め難い状況が持続している、といっても過言ではない。

　本章では、"行き過ぎたグローバル化"を反省する立場から、まず共通性と特殊性の原点に立ち返り、各国における金融自由化について比較・考察

する。さらに、各国比較によって浮上したわが国の特殊性を明らかにする。

2 主要国における金融自由化の経緯

(1) 三本柱と4分野

　ここで改めて、金融自由化について確認しておきたい。

　筆者は、一般的に金融自由化という場合、そこに、三本柱と4分野があると考えている。

　金融自由化における三本柱とは、すでに各方面で指摘されている
　　① 内外の資金交流に関する自由化、
　　② 各金融機関の業務範囲に関する自由化、
　　③ 預金金利・株式売買手数料・保険料（配当を含む）等に関する自由化——いわゆる金利自由化、
である。

　わが国では、79年に「外国為替及び外国貿易管理法」が全面改正され、内外の資金交流が実質的に自由化されたことにより、全面的金融自由化への期待が高まったわけだが、諸外国の例をみても、内外資金交流の自由化が他に先駆けて実施されていることが多い。

　したがって、金融自由化の本格的実施にあたっては、表1-1に示した金融自由化の4分野に関し、
　　① いつ、どの分野から実施していくか、
　　② その後、どういう順序で4分野を自由化していくか、
　　③ 自由化終了までに、どの程度の期間をかけるか、
の3点が、重要なポイントとなってくるのである。

　特に、金融機関利用者——高度に発達した資本主義国家では、経済活動の担い手である賃金労働者一人ひとりとなるわけだが——にとって、自由化のメリットが相対的に大きいと判断される第④分野の自由化を、いかに

表 1-1　金融自由化の 4 分野

		利用者サイド	
		プロ・大口	アマ・小口
経営サイド	業務範囲	①	②
経営サイド	金利・手数料・保険料	③	④

政策的に位置づけるかが重要となってくることは、論を待たない。

　なぜなら一般的に金利自由化とは、各金融機関が健全経営を持続していくことを条件に、預金金利・株式売買手数料・保険料等各金融機関の収益状況を反映する形で自由化することとされている。これに倣うならば、第④分野を自由化する目的は、金融機関における経営の健全性が維持されていることを前提とし、金融機関それぞれの体力に応じ、自らの判断において利用者利益の拡大を図ることにある。具体的には、各金融機関が自己裁量に基づき、預金者に対して他の銀行より高い金利を支払うこと、投資家に対して他の証券会社より少ない委託手数料で売買業務を行うこと、保険契約者に対して他の保険会社より少ない保険料を収納、あるいはより高額の配当金を支払うこと、を可能とすることにある。

　反面、利用者にも、自由化目的を正しく理解し、金融機関ならびに金融商品を自らの意思に基づき選択することが要求されることとなる。

(2) ドイツ・イギリス・アメリカ

　そこで上記を念頭に置き、金融先進国とされているドイツ、イギリス、アメリカ、各国における金融自由化の経緯について、概観してみる。[2]

(ⅰ) ドイツ

　欧米主要国では、60 年代まで金利の上限規制が存在していたわけだ

が、金融先進国のなかで最も早く金利自由化に踏み切ったのは、ドイツであった。ドイツでは、60年代後半からなし崩し的に長期金利の自由化が始まり、67年には、一挙に短期金利を含む金利自由化を実施している。ただし、小口の貯蓄預金金利には、カルテル的側面がみられ、その水準も貯蓄銀行中心に決められていたようであるが、70年代前半には、ほとんどの金融機関で金利自由化が完了している。

また、株式売買手数料については、上限規制が実施されていたものの実質的には自由化されており、固定手数料制は採用されていない。

こうした結果、銀行の整理・淘汰が進展したと伝えられているのである。

またドイツでは、ユニバーサル・バンキング・システムが採用されていたことから、わが国のように、長期金融分野と短期金融分野あるいは銀行分野と証券分野を巡る業務分野論争が生じる余地がほとんどなかった。そのため金融自由化といえば自ずと金利自由化を意味することが多かったわけだが、金利自由化が一段落した以降、銀行と保険会社の業務範囲を巡る競争が表面化した。

具体的には、「アルフィナンツ」と呼ばれる個人向け総合金融サービスの提供を目的とする業務提携・系列化の動きが活発化し、三大銀行やアリアンツ保険等の有力金融機関を中核とする金融コングロマリット化が急展開をみせることとなったのである。

(ⅱ) イギリス

イギリスでは、71年に導入された新金融調整方式の一環として、市中預貸金金利協定が廃止され金利自由化が始まり、79年には為替管理が撤廃されるとともに銀行法制定により免許制が導入され、あわせて預金保険制度が創設されている。

また、86年に実施された証券市場の大改革、いわゆる"ビッグバン"によって、実態的に機能していた専門金融機関制度が崩壊するとともに、株式売買手数料が自由化されている。

こうした結果、それまでの商業銀行、投資銀行、住宅金融組合といった

分業体制が大きく変化し、80年代後半以降、商業銀行による証券会社の系列化、投資銀行の買収等が進展し、ユニバーサル・バンク化や金融コングロマリット化を目指す動きが表面化することとなった。

一方、銀行・保険両分野を巡っては、銀行の保険業務進出が実質的に困難となっていたこと、保険会社の他業進出（銀行業務を含む）が法的に禁止されていたこと等から、業務提携、系列化あるいは子会社の設立が他業進出の手段として表面化している。

たとえば、ここ数年わが国において、シェア拡大が目立っているリスク細分型自動車保険のダイレクト販売を開発・定着させたダイレクト・ライン社は、ロイヤル・バンク・オブ・スコットランドが85年に設立した損害保険会社である。

（ⅲ）アメリカ

最後に金融大国アメリカであるが、アメリカの預金金利は、60年代後半までレギュレーションQにより規制されていた。

70年に10万ドル以上の大口定期預金（預入期間30-89日）の金利が自由化される一方で、マサチューセッツ・コンシューマーズ貯蓄銀行が利子つきで決済可能なNow勘定を開発、金利自由化の第一歩を踏み出すこととなった。Now勘定については、州当局がグラス・スティーガル法違反として提訴するも、72年には合法と判断されている。

71年には、短期金融資産投資信託（MMMF）が登場、さらに73年には、預入期間90日以上の大口定期預金の金利が自由化されている。

その後77年には、メリルリンチ・バンクワン連合が中高所得者を対象とし、「マネー口座」「証券口座」「小切手・カード口座」で構成された総合金融サービス口座であるCMAを開発、各金融機関による商品開発競争激化に先鞭をつけることとなった。

そこで、小口預金金利の自由化であるが、78年6カ月物市場金利連動型預金（MMC）の創設をもって開始されている。

80年には金利規制の段階的撤廃および貯蓄金融機関における業務範囲

の拡大等を盛り込んだ「1980年金融制度改革法」が成立し、預金金利規制の6年後廃止が決定された。これにより82年から預金金利上限規制が段階的に廃止され、83年に定期性預金の自由化を開始、86年には預金金利の自由化を事実上完了している。

加えて80年代には、前述した金融商品開発競争の激化にアメリカ固有の現象であった長短金利の逆転現象が複雑に絡み合った結果、ディスインターミディエーションを出来させ、州法銀行あるいは貯蓄貸付組合等の倒産を多数発生させることとなった。

この間、75年には株式売買手数料が自由化されている。

こうした結果94年には、州際業務規制が撤廃され、銀行経営の自由度を大幅に向上させたわけだが、反面銀行合併も相次ぎ、さらに98年にはシティ・コープとトラベラーズ・グループの合併が実現するなど、巨大金融グループが誕生、99年には、銀行業務と証券業務の分離も見直されている。

また、保険分野を巡っては、80年シティ・コープが保険の窓口販売を開始する一方で、プルデンシャル生命がベーチェ証券ならびにキャピタル・シティ・バンクを買収するなどの動きがみられたが、「87年銀行競争力平均化法」の成立や生保業界の反発もあって、国法銀行による保険業務への進出が困難な状況が続くこととなった。

しかしながら、99年には、銀行・保険両業務への相互参入が可能となり、アメリカの金融自由化は、銀行・証券・保険の三業態が集合・離散を繰り返しつつ巨大金融グループを誕生させるという、その終章を迎えたのであった。

同国における業務範囲の自由化を巡っては、法・規制上グレイゾーンとなっている分野について、他に先駆けてまず進出してみるいわゆるループホール現象——たとえば、銀行による証券子会社の設立、CPの発行、投資顧問業務への進出、社債の引き受け等々——が顕著になるなど、マーケットが自由化を求め監督当局が追認する、もしくは司法当局の判断を仰ぐといった"下からの自由化"がみられたことは特筆に値しよう。

なお、紹介した各国では、いずれの国においても、生・損保保険料および契約者配当が実質的に自由競争となっていることは、周知の通りである。

(3) 日本

(ⅰ) 金利・株式売買手数料・保険料の自由化
① 生保業界

最後にわが国金融自由化の経緯であるが、わが国で第④分野の自由化を最も早く開始したのは生保業界であった（第2章に詳述）。

すなわち、59年戦後初めての保険審議会開催にあたり、大蔵大臣が問題提起した保険行政上改善を要する事項の一つとして、「保険料率および契約者配当の適正なあり方について、改善すべき点はないか（たとえば、画一化と自由化の問題、算出方式の問題等）」が取り上げられたことにより、61年度契約者配当において、3社が標準配当率を上回る配当を実施したことが、生保業界における契約者配当自由化のスタートであり、同時に、銀行・証券・損保を含めた金融4業態の中で、戦後最も早い第④分野の自由化となったのである。さらに、69年保険審議会答申で、「料率および契約者配当における競争範囲の拡大」が言及されたこともあり、大蔵省より利源別配当率分布状況と配当実績が『銀行局金融年報』に公表され、契約者配当の自由化は第二段階を迎えることとなった。公表資料によれば、配当格差が最大で3倍程度となった年度があるなど、まさに経営体力を反映した契約者配当の自由化が実施されている。

次に、営業保険料であるが、76年に、付加保険料中の新契約費部分について、固定料率（保険金1000円に対し30円）から幅料率（同25円プラス保険料の1-2%）へと改訂され自由化がスタート、さらに81年に料率幅が拡大（同25円プラス0.1-2%）されるなど、生保業界では、第④分野を巡る熾烈な競争が展開されてきたのである。

② 銀行業界

47年施行の「臨時金利調整法」に基づく大蔵大臣告示により、預金金

利の最高限度が定められていた——実質的には限度内の水準で各行横並びの金利水準が維持されていた——銀行業界では、60年代後半から70年代にかけて顕著となった、資本取引の段階的自由化、効率化行政の導入、国債の大量発行等金融・資本市場の急激な変化を背景とし、金利自由化に舵を切ることとなった。すなわち79年に導入された譲渡性預金（CD）の取り扱い開始である。しかしその取り扱い条件が、最低預入金額5億円以上・預入期間3-6カ月・自己資本に対する発行枠10%以内となっていたこともあり、金利自由化の先駆けと位置づけられているものの、預金金利の自由化をさらに進展する商品の登場とは言い難く、無論第④分野の自由化とは程遠いものであった。

　規制金利に安住していた当局・業界の重い腰を上げさせたのは、いわゆる外圧であり、具体的には84年の日米円・ドル委員会での議論であった。これを受ける形で、85年、当局は「市場アクセス改善のためのアクション・プログラムの骨格」を作成し、預金金利の自由化方針を決定したのである。その後の動きを時系列的に以下紹介しておく（金額は最低預入金額、期間は預入期間を示す）。

- 84年CDを3億円へ引き下げ
- 85年CDを1億円に引き下げ、市場金利連動型預金（MMC・5000万円以上・1-6カ月）を導入、大口定期預金金利を自由化（10億円以上・3カ月-2年）
- 86年大口定期預金を5億円、さらに3億円へ引き下げ、MMCを3000万円へ引き下げ
- 87年MMCを2000万円、さらに1000万円へ引き下げ、大口定期預金を1億円に引き下げ
- 88年CDを5000万円に引き下げ、大口定期預金を5000万円、さらに3000万円へ引き下げ
- 89年小口MMCを導入（300万円以上、6カ月・1年）、大口定期預金を1000万円に引き下げ、同時にMMCの上限金利告示を廃止し大口定期預金に吸収、これをもって大口預金金利の自由化を完了

・90年小口MMCを100万円に引き下げ
・91年同50万円に引き下げ、小口定期預金導入（300万円以上、3カ月-3年）
・92年小口MMCの最低預入限度額撤廃、新型貯蓄預金導入
・93年小口MMCを小口定期預金に吸収、あわせて定期預金金利を完全に自由化
・94年流動性預金金利の完全自由化をもって金利自由化を完了

79年譲渡性預金の導入から金利自由化完了まで15年という年月が費やされ、生保業界から遅れること33年をもって、銀行業界における第④分野の自由化が完了したことになる。

しかしながら94年に預金金利の自由化を完了したとなっているものの、その実態は依然としてカルテル的非競争金利が継続している印象は否定しがたい。たとえば「自由化されたといっても金利はほとんど横並びで、銀行間で金利競争をする雰囲気もない」[4]と指摘されている通り、各銀行の経営体力を反映した文字通りの自由化とは程遠い状況が、大多数の銀行で継続していたのである。

③　証券業界

証券業界では、91年証券取引審議会が検討項目の一つとして株式売買手数料の自由化を取り上げ、自由化に向けた検討が開始された。

その後1年半にわたる検討結果を踏まえ、93年同審議会が「大口取引に係る株式委託手数料の自由化について」を大蔵大臣に答申、さらに1年間の準備期間を経た94年売買代金10億円超部分に係る手数料の自由化が実現した。これにより、従来まで証券取引所の「受託契約準則」により固定手数料体系を維持してきた株式売買手数料の自由化が開始されることとなった。

さらに96年の「日本版ビッグバン」指示後開始された金融システム改革の一環として開催された証券取引審議会において、手数料自由化のスケジュールが検討された。検討結果に基づき、98年に売買代金5000万円超部分にまで自由化範囲が拡大され、引き続き99年には完全に自由化され、株式売買手数料の自由化を完了している。

④ 損保業界

　金融4業態のなかで、最も遅れて第④分野の自由化を実施したのが損保業界である（第4章に詳述）。

　損害保険商品のなかで、大衆向け商品の代表格である火災・自動車・傷害保険については、戦後一貫して算定会料率による業界協調体制が維持されてきたわけだが、96年日米保険協議の決着をうけ、98年算定会加盟会社の算定会料率遵守義務が撤廃され、算定会料率もその位置づけをアドバイザリーレートへと変更するなど、料率自由化が開始されることとなった。具体的には、98年から2年間の移行期間を設け、その間は個別会社の判断として例外的にアドバイザリーレートの使用を認めることとし、その後00年より完全自由料率が使用されている。

(ⅱ) 業務範囲の自由化

　次に83年から開始された業務範囲の自由化について、その主要部分を時系列的に紹介する。

- 83年公共債の窓口販売を銀行に、公共債担保貸付を証券に認可
- 84年銀行・証券が海外CP・CDの国内販売を開始
- 85年銀行が公共債フルディーリング開始、あわせて債券先物市場への参入、証券にCDの売買仲介
- 86年証券が円建てBAの流通取扱開始
- 87年銀行・証券がCPの取り扱いを開始

　以上を一見して気づくことは、銀行・証券両業界のイコール・フッティングを維持しつつ、ということは関連業界が他業進出の恩恵を同時に得られるよう行政的配慮がなされたうえで、業務範囲の自由化が推進されていることである。

　こうした考え方は93年金融制度改革法の施行後も大きく変化することなく、業態別子会社による相互参入へと続いたのである。

　この間、抵当証券、リース、信用保証、投資顧問といった金融周辺業務への参入が4業態に相次いで認可されている。

さらに96年改正保険業法の施行により、業態別子会社方式による生・損保の相互参入が実現、99年には証券会社店頭での保険販売が、01年には銀行窓口での一部保険商品の販売（第一次解禁）が開始された。その後銀行窓口での保険販売は、銀行に対する弊害防止措置のあり方を巡る議論の進捗状況に歩調をあわせ、02年（第二次解禁）、05年（第三次解禁）と対象商品が拡大され、07年に全保険商品にまで拡大されている。

こうした結果、今日では、業務範囲の自由化もほぼ終了の状況にあるとみてよい。

3　共通性と特殊性の観点からみた内外比較

(1) 金融制度における共通性と特殊性

最初に金融制度における共通性と特殊性について言及しておく。

各国における金融制度のあり方を比較すると、そこに共通性と特殊性を指摘できる、とする見解が古くから多くの識者によって支持され、グローバル化が進展するまでは、金融制度を各国比較する際のメルクマールとなっていた。さらにこうした観点から、特定業界を各国比較し、そこから日本的特殊性を明らかにする研究も、すでに先行業績として発表されている。

たとえば山中宏は、生保会社の金融活動について、「共通性としては、生保資金の特質にもとづく長期金融機関的性格であり、特殊性は、長期金融機関として共通の性格を持ちながらも、その具体的展開が国によって、不動産金融、有価証券投資、産業への直接融資などの分野において、特徴的な資産構成を打出していることに認められる。」[5]とし、生保金融においても、共通性と特殊性を認識できると指摘している。

このように金融制度全般に加え、個別分野においても共通性と特殊性を指摘できるわけだが、金融機関に対する監督規制のあり方に関しても、例外なく共通性と特殊性を指摘することができる。

共通性は、資本主義経済下における金融制度の果たすべき役割に起因していると考えてよい。たとえば、自国経済の健全な運営・発展を目指すには、金融制度の運営主体である各種金融機関に対し、何らかの公的な監督が必要である、との考え方に基づき、各国において金融監督法制が整備されている事実は、その最たるものといえよう。

　一方、特殊性は、各国における資本主義経済の生成・発展にみる歴史的経緯、発展の原動力である賃金労働者の意識・価値観等の相違を反映していると考えてよい。たとえば、どの金融機関に、どの金融業務を担当させるか、国家による金融機関監督はいかにあるべきか等の相違は、その代表例であろう。

　こうした観点に立脚するならば、各国における金融自由化の進め方もまた、それぞれの国が有する特殊性と密接不可分の関係にあると指摘できよう。すなわち、各国における金融自由化のあり方、より具体的にいえば、

　　① 業務範囲の自由化といわゆる金利自由化のどちらを優先するか、
　　② いつ・いかなる項目を取り上げるか、
　　③ 自由化のスピードをコントロールするか・しないか、

等々を各国比較してみれば、その相違・特質は一目瞭然であり、特殊性を無視した自由化の進展など不可能であったと結論づけざるをえないのである。

(2) 先進三カ国にみる金融自由化の共通性と特殊性

　前節で概観した各国における金融自由化の経緯について、共通性と特殊性の観点から、特に特殊性に注目しつつその特色を指摘してみたい。

　まず、金融先進国であるドイツ・イギリス・アメリカである。

　　① ドイツが60年代中頃から金利自由化に踏み切ったのに続き、アメリカが70年、イギリスが71年と、それぞれの国における金利自由化の開始時期が70年代前半となっており、さらにドイツ・イギリスでは、金利自由化が短期間に終了している。

②　おおむね４分野のなかで、利用者メリットが大きい第③分野、第④分野の自由化、具体的には、預金金利、株式売買手数料、保険料・配当の自由化からスタートし、その後に生き残った金融機関が隣接する他の業務分野へ進出、巨大金融グループを出現させている。
③　自由化を求める動きが、金融機関の自主的な動きとなって展開されており、特にアメリカでは、「法によって明示的に禁止されていないことは実行できる」[(6)]とする考え方から、ループホール（法規制上の抜け穴）の活用が活発化するなど、各国で"下からの自由化"が主流となっている。
④　第④分野の自由化を利用者に周知徹底するべく、比較情報が公的機関を含む様々な手段・機会で提供されており、選択肢が拡大した利用者の有力な判断材料となっているなど、金融自由化を定着させるための条件が整備されている。
⑤　リスクとリターン、自己責任のあり方等金融取引に係る基礎的知識を国民に徹底すべく、大学入学以前の早い段階で金融経済教育が実施されている。

(3) 金融自由化にみる日本的特殊性

次に同様の観点から、各業態における第④分野の自由化が完了したとされている00年前後までのわが国の特色について、以下に指摘してみる。
①　大口預金金利の自由化と業務範囲の自由化が、ほぼ同時並行的に進められており、アマチュアである個人が行う小口金融取引のメリットに直結する第④分野の自由化が後順位となっている。
②　特に預金金利および各行が利用者から徴収する各種手数料の自由化に関しては、各行の体力差を反映した自由化とは程遠い状況となっており、一部の銀行が各種手数料に関し独自性を発揮し始めたと報道されているものの、銀行業界に根強い横並び体質が今日でも温存されていることを窺わせる結果となっている。

③ 監督当局と金融機関との話し合いを通して、業態毎のイコール・フッティングを確保しながら自由化を推進する"上からの自由化"となっており、利用者もしくはマーケットが自由化を要求する"下からの自由化"がほとんどみられない。

④ 金利自由化、業務範囲の自由化いずれも、その完了までの期間が長期間にわたっている、あるいは関連する業界の業界内秩序が急激に変化することを回避するなど、常に漸進的自由化となっている。

⑤ 自由化スケジュールの作成にあたり、たとえば日米円・ドル委員会、日米保険協議等の場における欧米からの対日要求に、わが国が譲歩するといった、いわゆる外圧が大きな役割を果たした結果、金融4業態における第④分野の自由化に関し、政策的意図・整合性が全く認められないこと。

以上を、日本的特色として指摘できるわけだが、こうした特色を生み出したわが国の金融環境についても検証が必要なことは論を待たない。視点を変えれば、こうした環境の存在こそが特殊性をもたらしていると容易に理解できるからである。

すなわち、欧米と大きく異なっている金融環境として、

① 自由化の事実を利用者に周知徹底させる手段、たとえば、比較情報の提供等のあり方が欧米と大きく異なっていたこと——実態的には、全く提供されない状態が継続していたこと。

② 提供された比較情報を正しく理解し金融商品を購入する、そのために必要不可欠と考えられる金融経済教育への官民あげての取り組みが、欧米先進国と比較し著しく劣後していること。

③ 後発資本主義国の宿命ともいうべき"上からの資本主義化"が徹底された結果、資本主義社会を支える賃金労働者——彼らが金融機関の利用者の大多数を占めていることは無視できない事実である——の自己責任意識が欠如したまま経済大国となり、外圧の求めるままに金融自由化に踏み切らざるをえなかったこと。

を明確に指摘でき、それらが複雑に絡み合って金融風土と呼んでも何ら違

和感を覚えないわが国固有の金融環境を作り上げてきたと指摘できる。

　筆者は、自由化完了とされてからおよそ15年が経過した現時点でも、依然として金融自由化が国民各層にいま一つ定着していないと感じている。たとえば、

- 毎年未公開株あるいは私募形式のファンドを巡る詐欺的行為が新聞紙上を賑わしていること
- 銀行窓口販売でのリスク性商品を巡るトラブルの表面化
- 生損保64社による、総計186万件、1443億円にのぼる保険金不払い問題の発生（05〜08年）
- 地方公共団体による「仕組み債」を巡るADR申請の動き[7]
- 日本証券業協会・投資信託協会が改めて商品説明の徹底、目論見書への統一書式の導入を協会員（具体的には、証券会社・銀行等）に求めるとともに、投資信託のリスクに関する説明を義務づけ[8]
- 為替デリバティブ（金融派生商品）を巡り、全国銀行協会が運営する紛争解決機関への斡旋が増加[9]

等々があげられるわけだが、トラブルの多くは、利用者が、金融取引に関する基本的知識をベースとして慎重に判断すれば防止できたと考えられる範疇にあるといってよい。

　こうした視点に立てば、金融自由化が利用者に定着しない最大の要因として、監督当局がわが国固有の金融風土を変革することなく、外圧による金融自由化を受け入れた事実を指摘せざるをえないのである。

　特に、96年橋本首相（当時）が指示し実行された「日本版ビッグバン」（第3章に詳述）以降も、わが国固有の金融風土の変革に具体策が全く示されないまま今日を迎えていることに強い疑問を持たざるをえない。

　金融行政の主軸が信用秩序の維持にあるとしても、第④分野の自由化に踏み切る意思決定をした以上は、利用者の意識・価値観・判断能力等利用者サイドの動向がその成否の鍵を握っていることぐらい、官僚中の官僚を自負してきた大蔵官僚が理解できないわけがない。

　したがって、こうした事実から考えられることは、

- 金融風土変革は、当局の仕事ではなく金融機関の仕事、金融機関が利用者教育等を通じて、責任を持って務めるべきである
- 第④分野を自由化した結果、中小金融機関の倒産が多発すれば、それなりの行政責任を問われることになりかねない。また中小金融機関にとっても、時間をかけてゆっくりと自由化を定着させた方が、生き残る機会が増え望ましい

といった、利用者不在の行政判断をこの時期も依然として続けていたことである。

いずれにしても、自由化のメリット・デメリットを利用者に浸透させる行政支援策が皆無であったことだけは、間違いない。

[注]
(1) アメリカのヘンリー・ポールソン前財務長官は、「世界統一の規制は、望ましくとも現実的でもないと思う。各国は、経済システムも文化も異なるからだ」(2010年11月7日付日本経済新聞)と述べており、また佐藤隆文前金融庁長官も、「行き過ぎた画一的な共通規制が世界を支配するような方向性に対しては、一定の留保が必要であろう」(同『金融行政の座標軸――平時と有事を超えて』東洋経済新報社、2010年8月、268頁)と指摘している。
(2) 詳しくは、高瀬恭介『[新版]金融変革と銀行経営』日本評論社、1999年4月、高木仁『アメリカの金融制度改訂版』東洋経済新報社、2006年6月、奥村洋彦『現代日本経済論』東洋経済新報社、1999年5月、西村吉正『金融システム改革50年の軌跡』金融財政事情研究会、2011年3月を参照。
(3) 詳しくは、西村吉正『日本の金融制度改革』東洋経済新報社、2003年12月、同『金融システム改革50年の軌跡』前掲書、参照。
(4) 西村吉正『金融行政の敗因』文藝春秋、1999年10月、100頁。
(5) 山中宏『生命保険金融発展史』有斐閣、1966年11月、9頁。
(6) 高瀬恭介『[新版]金融変革と銀行経営』前掲書、17頁。
(7) 2011年6月29日付日本経済新聞。
(8) 2011年7月21日付日本経済新聞。
(9) 2011年8月28日付日本経済新聞。

第2章

生命保険料の自由化

1 はじめに

　本書では、生損保両業界における保険料自由化の経緯を分析するにあたり、『銀行局金融年報』・保険審議会答申等公表資料に記載されている関連事項を時系列的に引用、その行間を読みながら筆者なりの解説を付記していく手法を採用した。

　これは、読者にとってはやや冗長と思われるかもしれないが、わが国の金融機関監督が実体的監督主義を採用している事実に鑑み、今日まで続く監督当局と各金融業界との関係を大勢的に理解すること、とりわけ監督当局の動向を理解することが、生命保険料（以下保険料）の自由化ひいてはわが国における金融自由化のあり方の本質をより理解できると考えたからである。

　なお、『銀行局金融年報』（各年版）からの引用にあたっては、たとえば、昭和34年版300頁を（S34：300）と表記した。

　巻末資料には、同様の趣旨から、当局が『銀行局金融年報』（各年版）誌上に、25年間にわたり公表した契約者配当の利源別分布状況を、まとめて掲載した。

　以下、生保会社が相互会社として再出発した48年以降の動きを順を追って紹介していくこととする。

2　経緯

(1) 48年から59年まで

　現在では保険料の自由化が完了しており、また、生命保険商品（以下生保）にもリスク細分型商品のダイレクト販売が認められるなど、商品内容・保険料は各社各様となっている。

　しかし、戦後長く続いた養老保険主力の時代には、付加保険料が含まれている営業保険料に関する各社間の格差はそれほど大きくなく、契約者配当（以下配当）に関する各社間の格差の方がはるかに大きな差をみせていた。営業保険料－契約者配当＝実質負担保険料の図式からすれば、契約者メリットが配当金額如何によって大きく左右されたことは明白であり、本章でも配当自由化を中心に論ずることとした。

　先ず、敗戦により壊滅的な打撃を受けた生保業界が新会社を発足させ、旧契約の包括移転により再出発の体制を整えた48年から、大蔵大臣の諮問機関として保険審議会の設置を決定した59年までをみてみよう。

　戦前には自由料率を基本としていた生保業界であったが、敗戦とその後に出現したインフレの影響から早期に脱却すべく、大蔵省主導のもと46年料率の一斉引き上げに踏み切り、同時に各社同一料率で再出発することとなった。さらに契約者配当についても一時期これを中断、49年各社共通の配当率で復活させるなど、当局指導のもと戦後は一転して同一料率・同一配当率でのスタートとなったのである。

　その後、業績の順調な回復、業容の拡大にともない、さらには国営簡易保険（以下簡保）との競争激化もあり、52年、56年、59年と3回にわたって各社一斉に料率引き下げを実施するなど、各種経営指標において相当程度戦前水準を回復することとなったが、依然として各社同一料率の体制が維持されていた。

　この間49年には各社同一水準で契約者配当を復活させたわけだが、同

時に、戦前の保険料比例＝累加配当方式から利源別配当方式に統一された。当初は、利差配当・死差配当のみのスタートとなったが、57年度配当から費差配当が実施されている。

当時の新聞・経済誌等から、大手生保を中心に独自料率を模索する、あるいは他社を上回る料率引き下げ・配当の増額を当局に申請等々の動きを読み取ることができるものの、いずれも当局の認可事項であったことから、最終的には業界内での合意と中小生保への配慮を優先する当局の意向に押し切られ、毎年度各社同一水準で決着していたのである[1]。

こうしたなかで、再出発後10年余を経過した59年に大蔵大臣の諮問機関として保険審議会を設置することが決定され、その第一回総会が59年7月開催されることとなった。

当局が当時の生保業界をどの様に実態把握し、何を問題点と考えていたかを理解する資料として、保険審議会第一回総会における大蔵大臣挨拶、諮問事項ならびに提示された参考資料「保険行政上の若干の問題点」のなかから保険料の自由化関連部分を以下に紹介する（S35：436-7）。

〈大蔵大臣挨拶〉
　わが国の民間保険事業は、〔中略〕今次大戦により甚大な打撃をこうむったにもかかわらず、その後の社会経済の安定とともに、現在では、損害保険においては戦前の水準をすでに突破し、生命保険においても、もはや戦後の異常状態を脱却し得るまでに至っている。
　戦後十余年の間は、主として戦中戦後にこうむった打撃から、いかに回復するかに主力が注がれてきた。しかしながら、いまや、あらためて保険事業に付託された社会的使命にのっとり、保険制度および保険事業運営のあり方を再検討して、事業の健全性の維持と契約者利益の確保とを推進する方途を研究すべき時期にきていると考えられる。
　また、法制のみならず、保険事業運営のあり方についても、経営の健全性と契約者の利益の確保の見地から、その正常化を推進する諸方策、社会経済の進展に即して新たに開拓すべき分野についての問題点等、解決を要する課題が少なくない。〔以下略〕

〈保険審議会諮問事項〉
　現下の諸情勢にかんがみ、現行保険制度上およびこれに関連して保険行政上改善を要すると考えられる事項如何

〈参考資料「保険事業および保険行政上の若干の問題点」〉
(1) 保険事業の運営について
　d. 保険料率および契約者配当の適正なあり方について、改善すべき点はないか.（たとえば、画一化と自由化の問題、算出方式の問題等）
　〔以下略〕

　ここで注目すべきは、大蔵大臣がすでに戦前水準を突破と明言した損害保険業界（以下損保業界）ではなく、戦後の異常事態を脱却したばかりとしている生保業界を、今回の保険審議会において専ら検討対象としたことである。戦前には自由料率を採用していたとはいえ、当局が同年報上で、生保業界が質・量ともに戦前水準（具体的には、34年～36年度平均の日銀卸売物価換算による実質比較）を回復と認めたのは、64年度決算を踏まえてであり（S40：263）、「なぜ、この時期に生保業界が？」の疑問が浮かぶのは当然であろう。
　そこで、この時期に当局がこうした問題認識を有した背景を、同年報の行間より推測してみた。
　戦後再出発にあたり、大手各社を中心に大部分の会社が相互会社への転換を図ったわけだが、こうした相互会社化が、行政側に契約者利益の増進をいかに維持していくかを強く意識させたことは、容易に想像できる。特に55年前後から目立ってきた上位会社と下位会社との経営格差をいかに契約者利益の増進に結びつけていくかが、当時の監督当局にとって保険行政上の重大な問題点となっていたと考えれば、当局の行動も理解しやすい。この場合、経営格差を営業保険料の引き下げのみで還元するには行政上無理があると判断し、結果として、契約者配当の自由化を下位会社の経営に配慮しつついかに進めていくかが、行政上喫緊の課題となったと考えるのが自然であろう。

さらに、郵政省（当時）所管の簡保が年々生保業界を上回る好業績を続けていたことから民間生保との競争激化が表面化、業界各社のみならず行政当局にも、大いなる危機感を持たせたことは間違いない。

たとえば、同年報の行間からは、随所に簡保への対抗意識を読み取ることができる。簡保の度重なる料率引き下げへの有力な対抗手段として、契約者配当の増加を当局・業界の双方が考えたとしても不思議ではない。その際、営業現場で簡保と日夜激突していた生保──大方は、全国津々浦々まで営業網を張り巡らしていた中堅以上の会社となるわけだが──、そのなかでも経営体力に勝る大手生保が、それなりの判断で配当増額に踏み切れるようにするためにも、個別会社毎に配当増減を判断できる行政上の裁量権が必要であり、戦後復興を行政主導の同一料率、同一配当で乗り切ってきたことから、こうした画一行政を見直すきっかけ、あるいは見直しの"お墨つき"を保険審議会に求めたと考えられよう。

とはいうものの、経営体力にいま一歩の感があった中堅・中小会社にいかに配慮すべきかも当局にとっては重要な課題であり、当局が配当自由化にあたり微妙な舵取りを迫られたことは想像に難くない。たとえば、60年9月に開催された保険審議会第三回計理部会に保険第一課が配布した資料「生命保険計理に関する基本問題」のなかに以下の文面を認めることができる。[2]

「同一料率、同一配当率の体制は、結局、経営内容の中位以下の会社の線を目標とすることになって、上位会社には甘く、下位会社には辛い決定となり、契約者の大多数に対しては、実質負担の軽減度合いが微温的とならざるを得ない反面、下位会社にとっては、経営の健全性という点からも考慮せざるを得ない結果となっている。〔中略〕

生命保険事業は戦後かなり伸長し、現在量的にはほぼ戦前水準に回復したものの、なお事業の経営基礎は充分でないから、いま、料率、契約者配当等保険計理について画一体制から脱却するとすれば、各社間でいわゆる過当競争は避けられず、事業基礎が不安定なまま推移するとともに、各社間の経営格差を益々大きなものとし、結局事業の健全な発達を維持するこ

とが困難となるのではないかという懸念である。」

　当時監督当局が感じていた行政上の危惧を、当局としては珍しく素直に表現している文面であり、こうした相反する政策課題を同時に解決する手段として生み出されたのが次に紹介する「管理された自由化」であったのである。

　わが国における保険料の自由化は、保険審議会が62年「生命保険計理に関する答申」(以下、62年答申)を大蔵大臣に提出したことを契機として実施されることとなったわけだが、この事実は、先に指摘した通り、監督当局が戦後10年余を経過した時点で、早くも配当自由化の必要性を認識していたことを意味しよう。

　たとえば、保険審議会が開催される以前の59年には、すでに「戦後の保険料率および契約者配当率は再建過程のため同一率のもとに協調的に経営されてきたが、ようやくかかる基調の墨守がむしろ業界の健全な発展にとって必ずしも適当でないと認められるにいたった現在、ここに保険料率の正常化を実現したうえは、かかる協調的基調もさることながら、今後は各社ごとにその創意工夫による経営努力を端的に契約者配当額の多少、ひいては保険料の高低に反映する方向にすすむことが予想され、従来以上に経営努力を要することになろう」(S34：335)と指摘しており、こうした見方を裏づけることができる。

　当局が目指していた保険料率の正常化とは、「戦前より安く、簡保を下回る[3]」水準を意味しており、その実現に向けた具体的手段として、当局の関心が配当自由化に集中したのも必然的流れであったといえよう。同時に今後の問題点として「外形的には依然として各社の契約者配当率が同一率で推移し、そのために契約者配当率と実質経営内容との間にアンバランスが認められることは事実である。したがって、契約者配当率の本旨からして個別化してゆくべきと考えられるが、その具体的方策、たとえば特別会社に特別な取り扱いを認めるべきか等残された問題があり、〔中略〕また、将来契約者配当率が各社の経営の実態に即したものにするときに問題とな

る点として、剰余金の利源別への分離方法、損を生じた利源の処理方法、利源と配当率を結びつける方法等の経理基準を設けておく必要はないかを検討しておかなければならない。」(S35：350) と指摘するなど、配当自由化に並々ならぬ決意をもって臨んでいたことがわかる。

(2) 60年から68年まで

　60年度から、保険審議会の審議期間中にもかかわらず、答申内容を先取りするがごとく、増配の最高限度を巡って当局と生保業界との話し合いが開始された。すなわち当局は、「本年度あたりから、漸次、従来の画一配当の建前を改め、適正妥当な範囲内で各社ごとにその経営の成果を反映させる方向に進むことが、契約者配当の本旨に即し、かつ、契約者利益を増進するゆえんであると考え〔中略〕当局は契約者配当率を増配させ、そのためには、契約者配当率のある程度の自由化もやむを得ないという線を決め、業界と話し合いを進めたが、業界は社長会において前年並み据置きの案を決め譲らなかった。その対立も、その後1社が独自の増配案に踏み切ったことから解決の緒がみえ、問題はどの程度まで増配を行なうかということと、各社の配当率を個別化または自由化するかという点に移行してきた。」(S35：348-9) とし「完全な自由化ということではなく、管理され制限された自由化」(同：349) がスタートしたのである。

　結果として60年度配当は全社同一配当率で決着したものの、61年度には、「各社とも経営努力により契約者配当の増配につとめ、結果として、大部分の会社は標準配当率によったが、一部の会社は標準配当率を上回る配当率を実施」(S36：331) するなど「画一配当の体制から適正妥当な範囲内で各社ごとにその経営の成果を逐次反映させる体制」(同) への移行がみられ、配当自由化の幕明けとなったのである。

　以下、配当自由化の契機となった62年答申から、関連部分を紹介しておく。

〈生命保険計理に関する答申〉

(昭和37年3月22日)

第1　生命保険計理の現状と問題点
(1) 戦後今日までの経緯
　(ロ)〔中略〕
　　(ⅰ) 保険料率は、戦前、各社がそれぞれの経営の実情に応じてその率を定めてきたため、各社の間に相違があったが、昭和21年、大蔵省の指示に基づきその引上げを行なった際、各社同一の料率によることとなった。
　　(ⅲ) 契約者配当は、戦前、各社の経営実績を反映してこれを行なってきたが、戦後の再建過程において、責任準備金の積立状況等にかんがみ、一時これを中絶するにいたった。
　(ハ) このように、各社は戦後の復興を達成するに当り、料率、契約者配当率等保険計理について、共同の歩調をとって進んだのであるが、〔以下略〕。
　　(ⅰ) 保険料は、国民死亡率のいちじるしい低下、資産利回りの好転と経営合理化の推進等により、戦後3回にわたって引き下げられ、現在では保険料率は戦前をやや下回るまでになった。
　　(ⅲ) 契約者配当は、24年に全社共通の率により復活されてから逐年増額され、部分的ではあるが、各社の経営内容を反映する配当を行なうまでにいたった。
(2) 現状の分析
　(ハ) 戦後、保険事業の運営に当ってとられてきた施策は、その重点を量的回復に置き、これを推進する方途としては、同一保険料率、同一配当率に見られるように生命保険計理における画一主義によってきたのである。こうした施策は、戦後の回復に当っては、それなりに意義があり、また効果をもたらしたのであるが、他面、これに伴う矛盾とひずみを顕在化するにいたった。すなわち、新契約高の市場占拠率、新契約1件当たりの平均保険金額、事業費率、責任準備金積立状況、配当財源等の各指標について、大企業の優位が示されており、各社間の経営格差が増大している。こうした経営格差の増大にもかかわらず、保険料率、配当率は、ごく最近にいたるまで、おおむね画一体制の下で経営内容の中位程度の会社を基準として決

定されてきた。したがって、上位会社については、契約者一般の実質的負担の軽減度合いが微温的となる反面、下位会社については、その基準に追随するあまり経営にある程度の無理を生じている。

　なお、このような画一主義の体制は、当審議会の発足以来、われわれの審議の内容を反映して、個別化への第一歩を踏み出し、新しい情勢に即応する調整への方向に進んでいる

第2　生命保険計理の今後のあり方

　生命保険計理の理念は、生命保険事業の公共性にかんがみ、保険事業経営の健全化を図るとともに契約者間の公平性を確保し、契約者の利益を増進することにある。このため、保険料率、契約者配当および責任準備金等については、その合理化、適正化を図り、〔中略〕もって、生命保険事業の健全な発展に資する体制を整備することが、その基本である。

　われわれは、〔中略〕今後の生命保険計理のありかたとしては、特に、各社の創意工夫を基礎として、画一主義を是正し、契約者の実質負担をできるかぎり軽減し、〔中略〕等の諸点に重点をおいて運営されなければならないとの結論に達した。

　（1）画一主義の是正

　戦後において生命保険事業の基調となってきた画一主義は、〔中略〕、生命保険事業の戦後の回復を推進する原動力として大きな作用を営んできたのであるが、一応の量的回復を遂げた今日、画一主義によって表面化するにいたったひずみと矛盾を除去するため、漸次是正されるべきである。〔中略〕

　しかしながら、画一主義の是正とは、各社の経営を全く自由に放任することではなく、保険事業の公共性という一般的制約を受けるほか、実際の行政の運用に当り、慎重論の背景となっているわが国保険事業の現状を考慮にいれ、特に、保険料率あるいは契約者配当について各社間の過当競争を排除することに配慮しながら、しかも、各社の業績をこれらに反映させることである。〔中略〕

　なお、業績を保険料率あるいは契約者配当に反映させる場合、その程度および範囲は、その時の保険事業全般の動向によるものであり、この点慎重に判断されなければならない。

第3　保険料率

1．純保険料

(2) 検討と結論
　（ロ）予定利率にあっては、〔中略〕養老保険について全社的にほとんど4％に固定しているのは問題であり、したがって、予定利率を現行水準から更に引き下げることは望ましくないが、各社ごとにある程度の幅をもたせてよいと考える。〔以下略〕
3. 営業保険料
〔中略〕営業保険料のありかたとしては、まず第一に、現行の画一的な料率の算定方法を改め、各社の経営実績を反映した料率をとる体制に漸次移行することが、次の理由により適当と考える。すなわち、現在、各社の経営実態を見れば、被保険者の実際の死亡率、資産利回りの実績、事業費の実績はすべて各社ごとにかなり相違しており、これに対して同一保険料率をもって律していることは、各社の経営の実態が反映されない結果となり、経営に余裕のある一部の会社については、経営者に安易な気持ちを抱かせ、契約者の利益を保護する観点から望ましくないとともに、そうでない会社については、他社に追随するの余り、経営の健全性をそこなうこととなるからである。〔中略〕

しかしながら、契約者の実質負担を軽減するに当たっては、営業保険料そのものを引き下げる方法のほか、契約者配当増額による方法があり、現在、各社の間において両者を併用して、その間にもある程度の差異が認められるが、さしあたっては、現状程度の差異はさしつかえないものと考える。

第4　契約者配当
(1) 現状
　（ハ）同一料率、同一配当率の体制のため、現実には、余裕のある会社は配当実施後の余剰額が累積する一方、余裕のない会社は資産処分益等の臨時益を使用して他社なみの配当率を維持している状況にある。
(2) 検討と経緯
　（イ）契約者配当のありかたについては次の二つの考えかたがある。
　　（ⅰ）その一つは、〔中略〕契約者利益を確保するとともに経営の健全性を阻害しないためには、硬直的な同一率配当の体制から、逐次、個別化へ移行すべきであり、これと関連してできるだけ決算期ごとの経営の実情に即して実施すべきであるという考えかたが

ある。
（ⅱ）これに対して、保険会社の体質はいまだ配当を個別化しうるほど回復していないので、配当を個別化すれば過当競争を誘発し、募集秩序の混乱をじゃく起するおそれがあり、また、予定と実績との差額を返還するとしても、その差額は保険契約の存続期間を一貫して計量されるべきであって、単に年々の実績そのものを直ちに配当率に反映させることは問題であるという考えかたがある。
（ロ）われわれの審議の経過においても、この二つの考えかたが表明された。われわれは、この問題につき慎重に検討を加えた結果、〔中略〕生命保険事業の現状を十分勘案し、特に、契約者配当面から業界の過当競争を誘発しないよう、また、契約者間の公平性に留意し、契約者配当の本来の趣旨に基づき、個々の経営実績を反映するような姿に漸進的に進めていくべきであるとの結論に達した。〔以下略〕

62年度は、62年3月の保険審議会答申をうけ、「前年度と比し各社により5%から10%程度の増配」（S37：355）となるなど、「配当の個別化、自由化は全般的に浸透し、本格的な実行段階に入った」（同）のである。

63年度には、「各社間に種々差異があるため、その水準をうんぬんすることはできないが、〔中略〕利差配当については、〔中略〕一部の資産状況がとくに良好な会社においては、若干の増配を実施〔中略〕、費差配当については、〔中略〕経営効率のとくに良好な会社においては、さらに最高10銭程度を加算」（S38：362）といった動きがみられた。

64年度は、ほぼ前年通りの推移となったが、65年度には、前年度業績で各経営効率において戦前水準の回復が明らかになったこともあり、配当水準がおおむね前年度水準に据置かれたなかにあって、利差配当では、「大多数の会社」（S40：271）、「一部の資産状況が特に良好な会社」（同）「一部の経営効率の特に悪い会社」（同）、費差配当では「標準的な会社」（同）、「一部に費差益の出ている会社」（同）、「きわめて経営効率の良好な会社」（同）と配当格差が細分化されている。

66年度から69年度までは、大部分の会社が前年度水準を踏襲する状況

が続き、配当率に大きな変化はみられなかった。この間の67年5月、当局は「同一率に近い料率や配当が昭和41年度決算でほぼ限界に達したこと〔中略〕などによって、ようやく業界の意識も高まり、当局の行政指導を推進するための環境が徐々に整備されてきた」(S43：306)と判断し、日本アクチュアリー会会長にあてて「今後における契約者配当のあり方について」を諮問した。諮問事項は、「現在、保険料率および契約者配当については部分的に個別化、自由化が行なわれているが、保険事業の合理化を促進するため、さらに個別化、自由化を拡大することについてどう考えるか」(同)を含む3項目であり、他は「臨時あるいは調整配当について」、および「政策配当について」であった。

同年10月アクチュアリー会が答申した内容は、「戦後20年余にわたって継続した同一料率、同一配当の慣行は、いまや生保会社固有の体質と化していることと、責任準備金等内部留保の積立状況も十分とはいえないことから急激な個別化はかえって業界の真の発展を阻害すると考えられる。したがって、現在は内部留保の充実に努めるべき時期であり、個別化を進める場合は、料率、配当両面から、しかも徐々に進めることと、適切な行政指導のもとに、会社の規模内容に応じ、持味を生かした新種保険が開発されることが望しい。」(同)というものであった。

同会は、保険業界各社から独立した別法人として位置づけられてはいるものの、所属するアクチュアリーの大多数が個別生保会社に所属している事実を考慮すれば、同会の答申イコール業界の総意とみてよく、ここにも当局と業界による合作を認めることができ、さらにその狙いを、業界秩序の維持、具体的には20社体制の維持、と理解することができるのである。

したがって契約者配当の自由化が開始されたとはいえ、その歩みは決して速くなく、60年代は、一方において生保各社の内部留保——たとえば、責任準備金の積立——が十分とはいえない状況にあったこと等各社の経営内容の改善が重視され、その実態は、当局がアクチュアリー会諮問事項に記述した通り、部分的に個別化、自由化が行われているにすぎず、本格的自由化は69年答申後に先送りされたのである。

(3) 69年から75年まで

　この間は、さらなる配当自由化を求め保険審議会が69年5月に答申した「今後の保険行政のあり方について（——とくに自由化に対応して——）」（以下69年答申）を踏まえ、各社別配当率を比較・公表するなど、配当自由化が第二段階へ進展した時期にあたる。
　まず、69年答申の関連部分についてみてみよう。

〈今後の保険行政の在り方について（——とくに自由化に対応して——）〉
(昭和44年5月13日)
第1. 保険事業の現状と今後の課題
　わが国の保険事業は〔中略〕、今日すでに戦前の水準をはるかに上回り、国際的にも有数の地位を占めるにいたった。〔中略〕
　保険事業の基本理念は、事業の健全性を維持しつつ経営の効率化を推進し、それを通じて契約者の利益の増進と事業の発展をはかることにあるが〔中略〕、その当面する最も大きな課題は、次の二点であろう。
　1. 競争原理の導入と経営効率化の促進
　保険事業において戦後長く画一体制がとられてきたが、それが事業の安定的成長とひいては契約者の保護に貢献したことは否定できない。現在わが国保険事業は全体として一応の水準に達するにいたったが、その間において各社間の規模と内容に相当大きな格差が生じて、保険事業における画一体制に伴う矛盾とひずみが大きくなり、各社の経営効率化の意欲とひいては事業の発展が阻害されている。また保険事業においては、もとより契約者の保護を重視しなければならないが、契約者の保護と事業保護が従来ややもすれば混同されがちであったのでこの点についても改めて反省する必要がある。
　経営の効率化を促進する最も有力な手段は競争であり、保険事業にも、今後は競争原理の導入が一層必要となってきている。すなわち、保険事業の今後のあり方としては、競争を通じて業界各社の自己責任に基づいた主体的努力が発揮され、それが経営の効率化とひいては契約者の利益の増進に反映されるよう、政府、業界とも十分配慮すべきである。
　このような競争原理の導入は、長年協調体制に慣れてきたわが国保険業

界にとってきわめて厳しいものであることはいうまでもないが、業界としては、それが事業の発展と飛躍を期するゆえんであることを自覚すべきであり、また、政府においても、画一的規制を是正し競争のための環境を整備していくことが必要である。〔以下略〕

第2. 生命保険

1. 生命保険業界のあり方

〔中略〕生命保険事業は、その後この答申（62年答申：筆者注）の求める方向に即して、契約者配当の個別化、商品の多様化その他の改善を逐次はかってきたが、戦後長く続いた画一体制を必ずしも十分に脱却していない。そして各社の業容も潜在的な企業力も大きな格差が生じるにいたっている。〔以下略〕

(1) 経営効率の向上

〔中略〕最近の生命保険業界においては、契約高の拡大競争とくにそのための外務員獲得競争が著しく、この結果、事業費の大部分を占める募集関係経費の節減あるいは効率化が進まず、かえってその負担は増大する傾向にある。このことは〔中略〕是非とも解決してゆかなければならない。〔以下略〕

(2) 商品の開発と経営の特色の発揮

これまでの生命保険業界にあっては、各社とも全く同一の市場で類似内容の商品を販売していたため、外務員の多寡が販売力の差となり、それは、外務員の増員競争となって事業費の増大を招く結果となっている。各社としては、今後の競争の激しさを考慮して、このような販売市場における競争に伍していくための方策について、新しい見地から検討する必要があると思われる。

競争が料率等の価格面において行なわれるのは当然であるが、一方、商品の内容も大きな競争の要素でなければならない。〔以下略〕

2. 行政施策の方向

〔中略〕ことに、生命保険業界がすでに（62年答申以降を指す：筆者注）導入されつつある競争を漸次進めていくためには、行政規制も、各社の努力や相違が発揮できるよう、その弾力化をはかっていくことが必要である。

以下、主要な問題について述べれば、次のとおりである。

(1) 料率および契約者配当における競争範囲の拡大

契約者配当については、すでに業績反映の方向で個別化が行なわれてきたが、これは業績の格差の拡大に伴って必然的に生ぜざるを得ない現象で

あったともみることができる。

　しかし、競争の進展に伴って、費差損を生じている会社においても、費差配当を行なって競争に伍していっている現状であるが、このような姿は競争の過程においてはやむをえないとしても、契約者配当における今後の競争範囲の拡大に伴って、早晩限界にほう着せざるを得ないものである。

　契約者配当は、保険料の清算としても払戻であるから、配当における個別化または競争を推進するにあたっては、当然、料率における個別化または競争が併行して行なわれるべきものであり、とくに、最も企業努力と競争力が表現される余地が多い付加保険料率について競争が導入されるべきである。

　付加保険料が予定枠として事業費支出を規制する反面、事業費の実態が付加保険料率にできるかぎり反映されるように、両社の間には本来連動的な関係があることが望ましい。

　従って、すでに事業費の実態と必ずしも照応しなくなってきている現行の付加保険料の構成については、これを再検討し、その上で事業費の実績またはその効率化の度合いに即して、漸次料率の競争範囲を拡大していくべきである。

　すでに費差益の増大をみている会社がある反面、費差損の増大傾向にある会社がすくなからずある現状において、さらに料率とくに付加保険料率の競争を進展させていくことには、種々の問題を伴うと思われるが、このことは、経営の一層の効率化をはかり、契約者の利益を増進する見地から是非とも必要なことである。

　このようにして、料率および契約者配当の両面にわたって漸次競争範囲を拡大し、各社はその範囲内でみずからの業績およびその商品の特色に応じて、料率および契約者配当の水準を定めていくことが望ましい。〔以下略〕

第4. むすび

　〔中略〕保険に関する一般の国民の認識および保険の有意義な活用は、いまだ十分とはいえない状況にある。業界としては正しい保険思想の普及に努めるとともに、事業の一層の効率化を促進し、もって保険の国民生活への定着をはかっていくべきであり、そのことが事業の発展と国際競争力の強化につながるゆえんである。

　政府においては、このような気運の助長をはかり、その努力を誘導するとともに、みずからも一段と行政の効率的運営に努めるべきである。

〔以下略〕

　同答申を 62 年答申と比較してみると、生・損保業界を区別することなく保険業界として捉え、自由化への対応を厳しく求めていることが指摘できる（損保業界関連部分については、第 4 章参照）。これは、同年 3 月に保険業が資本自由化の第一類業種に指定されたことから、審議会として来たるべき外資系保険会社との競争激化に強い危機感を有し、生保業界のみならずすでに料率算定会を設立し業界協調体制を築いていた損保業界にも、料率の弾力化を求めたと考えるべきであろう。

　さらに生保業界に限定して同答申を読むと、62 年答申後の当局・業界の対応を不十分とし、各社の業績が反映されたさらなる個別化を求めていることが注目される。具体的には、契約者配当にとどまることなく、営業保険料に含まれる付加保険料の弾力化・競争範囲の拡大を求めたのである。

　また、"金太郎飴"と揶揄される護送船団型の業界協調体制にも切り込み、経営特化を求めたことにも注目したい。

　一方当局の動向だが、答申の審議経過報告の形を取りながら、答申を上回る厳しい表現を用いて、従来の画一体制からの脱却を保険業界に求めたことが同年報から窺える。

　まず保険業界に関する該当部分を以下に紹介する。

　「戦後の保険事業の経営および保険行政の重点は量的拡大と業界の協調による企業の体力回復に置かれてきた、その結果、行政における画一的規制と、これを受ける業界の画一体制とが支配的であった。この画一体制の下では、料率、商品内容における実質的な競争は行なわれず、同一市場においておおむね共通した商品を同一価格で販売した結果、とかくシェアの拡大競争が主となってきていた。このような状況の下では企業間の競争は必ずしも経営の効率化や契約者の利益の増進に結びつかず、むしろ企業の経営効率化の意欲が阻害され、とかく経営が安易に流れやすくなることも考えられる。〔中略〕経営効率等の質的格差の存在は企業体力の劣弱な会社のあることを意味し、競争原理の導入にあたり、契約者保護の観点から

問題である。〔中略〕競争原理を導入して各社の主体的努力が発揮されるよう競争範囲を拡げていき、それが経営の効率化と契約者の利益の増進に反映されなければならない。したがって、政府、業界とも今後保険事業および保険行政の運営にあたっては、このことに十分配慮すべきであるというのが答申の趣旨であると考えられる。

　ただ、競争原理の導入の結果、将来経営に破綻を招く保険会社がでてくることも考えられないではない。保険事業は多数の一般国民を契約者とするものであるだけに、競争原理の導入に伴い契約者の保護の問題はきわめて重要となってくる。」(S44：356)

　次に、生命保険料率および契約者配当における競争範囲の拡大に関する部分である。

「現在保険料率については、養老保険など主力の保険では商品内容が同じであるためほとんど同一であり、また実質的な競争は行なわれていない。ただ契約者配当については、〔中略〕各社の経営実績による個別化が徐々に行なわれてきている。〔中略〕保険料のうち、付加保険料部分は会社の予定事業費の枠を示す意味もあり、経営効率化努力はここに最も表現される余地が多いので、保険料率における競争は特に付加保険料率について導入されるべきことを示している。」(同357)

　こうした記述からは、当局が経営環境の変化を厳しく受け止め、業界行動のみならず自らの行政対応も含めその見直しを強く示唆したものと理解できよう。

　しかしながら、結果的には、97年の日産生命の倒産まで、業界20社体制の維持にこだわり、護送船団行政に終始していたことは否定できず、答申内容ならびに当時の当局の意気込みと余りにもかけ離れた結果を招いたことは、大変残念である。

　この後当局は、利源別配当率分布状況の公表に踏み切り、三利源別に配当率の分布状況とそれぞれの分布群に属する会社数――いわば、群団別配当率分布状況――を『銀行局金融年報』に公表した。[4] 利源別配当率分布状況の公表は、一部の年度を除き、その後も同年報（各年版）を通じて続け

られ、93年度をもって終了している。なお、94年度については、配当率分布状況の公表から自由化の動向がおおむね理解できる程度の記述に変更されている。

ここで、当局が公表した利源別配当率分布状況について、公表初年度である68年度決算に基づく69年度配当について、紹介しておく（S44：290）。

(イ) 利差配当率については、
　　4.5%を採用した会社　　　　　　　　1社
　　4.0%を採用した会社　　　　　　　　16社
　　3.8%を採用した会社　　　　　　　　1社
　　3.7%を採用した会社　　　　　　　　1社
　　3.6%を採用した会社　　　　　　　　1社　　となった。
(ロ) 死差配当率については、第10回表養老保険の場合、
　　対千1.6円を採用した会社　　　　　　16社
　　対千1.4円を採用した会社　　　　　　2社
　　対千1.3円を採用した会社　　　　　　2社　　となった。
(ハ) 費差配当率については、42年度と同様
　　対千0.35円を採用した会社　　　　　6社
　　対千0.25円を採用した会社　　　　　8社
　　対千0.20円を採用した会社　　　　　1社
　　費差配当を行なわない会社　　　　　5社　　となった。

利源別配当率分布状況の公表は、71年度に利差配当計算用責任準備金積立状況が追加され、72年度に利差配当が通常配当、長期継続契約に対する特別配当、満期特別配当に区分されるなど、生命保険業界を巡る経営環境の年々の変化を反映し、適宜公表項目の変更・追加が実施され、93年度まで続けられたのである。公表された分布状況に基づき、年度毎に会社数のみを列挙したのが、表2-1である。なお、70年度以降の利源別配

当率分布状況の詳細については、巻末資料を参照されたい。

表2-1 配当率分布状況の推移

年度	利差配当	死差配当	費差配当
1969	1・16・1・1・1	16・2・2	6・8・1・(5)
70	1・16・1・1・1	18・2	6・6・1・(7)
71	1・18・1	19・1	5・1・6・1・(7)
72	1・18・1	19・1	6・6
73	1・19・1	20・1	6・6・(9)
74	1・19・1	17・2・1・1	6・6・(9)
75	1・16・1・3	1・18・1・1	6・5・(10)
76	1・15・1・3	15・2・1・1・1	8・3・(9)
77	1・15・1・1・2	15・2・1・1	8・3・(9)
78	1・10・2・3・1・1・1・1	15・1・2・1・1	8・1・(11)
79	1・10・1・3・1・1・1・1・1	14・4・1・1	8・1・(11)
80	1・10・1・3・1・1・1・1・1	14・4・1・1	8・1・(11)
81	13・1・2・1・1・1・1	15・3・1・1	10・7・2・(1)
82	14・1・1・1・1・1・1	15・1・3・1	10・7・2・(1)
83	15・1・1・1・1・1	16・1・2・1	10・3・1・3・2・(1)
84	15・1・1・1・1・1	16・1・2・1	11・3・1・2・3
85	15・1・1・1・1・1	17・1・2	12・1・4・3
86	16・1・1・1・1・1	18・1・1・1	12・1・5・3
87	14・1・2・1・1・2	19・2	12・1・5・3
89	16・1・1・1・1・1	19・2	12・2・1・1・3・2
90	18・2・1	1・2・15・1・2	13・1・1・1・1・1・2
91	18・1・2	1・1・1・1・14・1・2	11・1・1・1・1・3・(3)
92	19・2	1・1・1・15・1・2	10・1・2・1・4・(3)
93	21	1・1・1・15・1・2	11・1・1・1・4・(3)

（資料）『銀行局金融年報』（各年版）より作成（88年度は該当数値なし）。
（注）　各年度の数値は、左側が各利源別に最高水準の配当を実施した会社数を示し、以下順に各水準毎の会社数を示す。費差配当欄の（　）内は、費差配当を実施できなかった会社数。

70年度に入ると、当局は「護送船団的画一行政を脱却して自由化行政を推進するとともに、業界各社の自己責任に基づく主体的努力の発揮を促す行政的姿勢は、やがて保険業界のなかに企業の再編成を促す気運が醸成され、努力の欠ける企業は自然その存在意義を喪失することとなろう」(S45：296) とするより厳しい姿勢をみせ、さらに70年度より、表2-2のごとく前年度と対比する形で配当格差の実態を公表した。

表 2-2　配当格差

	昭44年度		45	
	5回目配当	10回目配当	5回目配当	10回目配当
最高	5,200円 (133)	10,000円 (119)	5,700円 (146)	10,400円 (124)
最低	3,900　(100)	8,400　(100)	3,900　(100)	8,400　(100)

(資料) 表 2-1 に同じ。
(注) 養老保険(第10回表)、30歳加入、30年満期、年払い有診査、保険金100万円、(年払保険料 26,800円) の場合の例示である。

　75年度決算まで続けられた配当格差に関し、年度毎の推移を一覧にしたのが表2-3である。
　同表から、決算年度ならびに配当支払回数によって、格差が相当の変化をみせていることが読み取れる。たとえば、最大格差は、金額ベースで5回目配当が1.49倍、10回目配当が1.47倍、20回目配当が3.04倍となっており、また年払保険料に占める割合でも、3倍弱の格差となるなど、いずれの場合も無視できない格差であり、まさに経営体力の差が現れた結果を示していたのである。
　なお76・77年度決算については、実績値の公表はみられなかったものの、「さらに個別化が進んでおり、配当金格差についても拡大している」(S52：310、S53：344) とあり、表2-3の水準を上回る格差であったことが想定できる。

第2章　生命保険料の自由化

表2-3　配当格差の推移

(単位：円)

決算年度		5回目配当	10回目配当	20回目配当
1969	最　低	3,900（100）	8,400（100）	―
	最　高	5,200（133）	10,000（119）	―
70	最　低	3,900（100）	8,500（100）	20,400（100）
	最　高	5,700（146）	10,400（122）	22,900（112）
71	最　低	3,900（100）	8,500（100）	20,400（100）
	最　高	5,800（149）	10,900（128）	28,700（141）
72	最　低	4,100（100）	9,100（100）	22,000（100）
	最　高	5,800（141）	10,900（120）	28,700（130）
73	A	6,100（130）	11,300（113）	28,700（128）
	B	6,900（147）	14,700（147）	68,200（304）
	C	4,700（100）	10,000（100）	22,400（100）
74	A	6,200（132）	11,600（117）	29,400（128）
	B	6,900（147）	13,800（139）	53,800（234）
	C	4,700（100）	9,900（100）	23,000（100）
75	A	6,300（134）	11,700（118）	29,500（128）
	B	4,700（100）	9,900（100）	23,000（100）
	C	6,900（147）	13,800（139）	53,800（234）

（資料）表2-1に同じ。
（注1）（　）内は、最低を100とする指数。―は、該当数値なし。
（注2）各年度とも、養老保険、第10回生命表、30歳加入、30年満期、有診査、保険金100万円、年払いのケースを例示。なお、年払保険料は、1973・74年度のB、75年度のCが27,800円、それ以外は26,800円。

(4) 76年から95年まで

　73年2月の国民生活審議会答申「サービスに関する消費者保護について」（以下国生審答申）をうける形で75年6月に「今後の保険事業のあり方について」と題する保険審議会答申（以下75年答申）が提出された。この時期は、こうした二つの答申に応えるべく、従来からの契約者配当の自由化に加えて営業保険料に含まれる付加保険料の自由化が開始されるなど、保険料の自由化が最終段階を迎えた時期である。また、96年4月に実施

49

された戦後初の保険制度改革に向けての本格的議論が、保険審議会総合部会の場を借りて開始された時期でもあった。

最初に、国生審答申の関連部分を紹介する。

〈サービスに関する消費者保護について〉
(48年2月27日)

第1部　サービス分野における消費者保護施策のあり方
　第2章　各業種における重点課題と施作の方向
　4．保険サービス
〔中略〕保険の持つ特異性が、保険サービスの特徴をいかすものである限り容認されてよいが、それが仮にも安易な経営を許し、消費者の不利益をもたらすものであってはならない。このような観点に立つとき、今日次の2点が保険サービスにとっての大きな課題といえよう。
第1に、サービスの多様化による消費者の選択機会の拡大である。〔以下略〕
第2に、〔中略〕十分な比較情報に基づいて、合理的な見通しの下に選択が行われる必要がある。〔以下略〕
第2部　業種別の消費者保護施策について
　第4章　保険サービス
　1．消費者選択の幅の拡大
　一般に消費者が保険サービスを購入する場合、事業者間において、公正自由な競争が確保され、多様な保険商品が多様な条件で提供され、消費者が合理的判断のもとにその需要に合致したサービスを選択できる状態にあることが望ましい。
　このような観点からみると、〔中略〕料率算定会で統一的に料率を決定する損害保険のみならず、生命保険においても各社間にほとんど差はなく、この面における消費者選択の余地は結果として限定されている。
　〔中略〕保険事業においては、たとえば保険料と保険金が数理的に適正な関係を保つよう保険料率を認可事項とするなど、その公共的性格のゆえに、事業の各面において規制、指導がなされているが、反面これが事業者間における競争を規制する結果をもたらしている。近年保険審議会の諸答申等により、競争原理の導入が図られ、経営効率化、契約者配当の弾力化、商品の多様化等が推進されつつあるが、なお十分とは言い難い。〔以下

略〕
　(1) 保険料率の弾力化、多様化による商品の多様化
　現在提供されている生命保険の料率は各社がほぼ同一の計算基礎を使用しているため、おおむね同一であり、この面における競争が不十分であるとともに消費者にとって選択の余地がほとんどない。とくに、保険料率の調整という意味を持つ契約者配当の面においては各社の経営効率を反映して格差があるが、表定保険料がほぼ同一であることは——契約者配当に関する比較情報が提供されていないこともあって——消費者にとって保険会社間の競争による利益を享受するうえで事実上選択をきわめて困難なものとしている。
　したがって、今後契約者配当面における競争を一層促進させる必要があることはもちろん、競争が料率面にも反映され、消費者選択を容易にすることが望ましい。〔以下略〕

　73年10月の保険審議会第29回総会以降1年9カ月にわたる議論の結果をまとめた75年答申は、先の国生審答申をうける形で生・損保業界に対し、社会経済情勢の変化に対応した社会的責任の遂行を強く求める内容になっている。以下、関連部分を紹介する。

〈今後の保険事業のあり方について〉

(昭和50年6月27日)

第1部　今後の生命保険事業のあり方について
　Ⅰ　総論
　〔中略〕特に最近は、国民の福祉に関連の深い生命保険事業に対する消費者の期待や関心も増大しているので、生命保険会社が消費者の意向、要望を企業努力の中にとり入れていくことを通じて、募集制度、保険商品、資産運用等事業経営の全般にわたり、改善を図っていくことの必要性は、従来に比し格段に高くなっている。〔以下略〕
　(1) 生命保険事業における社会的責任の遂行
　生命保険会社は、この際、あらためてその社会的責任への自覚を強めるとともに、次のような基本姿勢を確立し、真に国民の信頼に応える生命保

険事業の遂行に努めるべきである。〔中略〕
　　③　経営効率の競争を通ずる契約者負担の軽減
　従来、生命保険会社間には、募集面において外務員の大量導入による過当ともいわれるほどの業容拡大競争が存在したが、契約者の立場から、望ましい経営の効率化をめざす適正な競争は、必ずしも十分に行われていたとは認められない。従って、今後は生命保険会社間の経費率、資産運用利回り等経営効率面の競争が十分に行われ、その結果が保険料の軽減、配当の増額等契約者負担の軽減に十分反映されることが望ましい。また、行政当局は、保険料率の認可等に当って、生命保険会社の健全な経営が確保されるよう配慮しつつ、生命保険会社が仮にも安易な経営を許されることのないよう配慮すべきである。〔以下略〕
　Ⅱ　各論
第3　保険計理
　〔中略〕保険料及び契約者配当の両面を通じて正味保険料の引下げが行われ、契約者の負担の軽減が図られてきているが、一方、更に引下げの余地のある会社においては他社の保険料等にならうため、十分な引下げを行わない結果となるという批判もあり、このような商品価格面での会社間の競争、特に保険料における競争は更に推進される余地があると思われる。すなわち、〔中略〕保険料においては、会社ごとの資産運用利回り、経費率等の差異にかかわらず、ほぼ画一的であるという現状にある。
　契約者利益の拡大のため、生命保険会社間の競争を通じて今後更に正味保険料の引下げを図っていくことが必要であるが、その際、消費者の商品価格を通ずる商品選択機能を高めることを目途として、保険料等に関する合理的な情報提供の方法が開発され、実施に移されることが必要である。
　1．保険料及び配当金に関する生命保険会社間の競争
　〔中略〕契約者配当は現在生命保険会社間でかなりの程度差があり個別化しているが、保険料はほぼ画一的な現状にあるので、生命保険会社間の競争が十分に行われていないとの批判が生じている。
　保険料における競争及び契約者配当における競争のいずれに重点を置くかは、基本的には生命保険会社の経営判断の問題であり、〔中略〕保険料は明示されるが契約者配当は約束されるものではないので、消費者選択の面では保険料による選択機能のほうが優れていると考えられること等を考慮し、今後は保険料に関する生命保険会社間の適正な競争が更に促進される

ことが望ましい。

その場合、資産運用利回り、経費率等の経営効率が極力保険料に反映されることが必要であり、行政当局は保険料の認可に際しこの点を十分考慮すべきである。〔以下略〕

営業保険料とは、保険契約者が保険契約に基づき負担する保険料のことであり、通常は、生保の営業職員が商品内容の説明時に提示する設計書に記載されている。営業保険料は、特定リスク、たとえば、生保商品であれば、被保険者の死亡リスクを引き受けるために必要と計算された危険保険料と、生保会社の経営費である付加保険料より構成されている。さらに付加保険料は、新契約費、維持費、集金費に細分化されている。

75年答申に基づき、76年、営業保険料に含まれている付加保険料中の新契約費部分が、自由化されることとなった。

養老保険・保険金100万円を例にとると、それまで各社一律に30,000円となっていた新契約費が、25,000円プラス営業保険料の1-2%と各社別の設定を可能とし、同時に各社判断に基づく低料率商品の販売をも可能としたのである。すなわち固定料率から幅料率への改訂であり、先の国生審答申で指摘された表定保険料の自由化へと舵を切ったのである。

さらに81年に料率幅が25,000円プラス0.1-2%へと拡大されるなど、生保業界における料率自由化はここへきてその最終段階を迎えることとなったのである。

3　特色

(1) 監督行政主導の自由化

契約者配当ならびに営業保険料の自由化の経緯に注目すると、監督行政主導のもと管理された自由化が実施されたという点がまず指摘できる。

60年代に入ると同時に配当自由化を開始した生保業界では、その契機が第一回保険審議会に提示された大蔵大臣の諮問事項ならびに参考資料にあったことは明白である。『昭和生命保険史料』等当時の新聞報道を検証してみても、業界が当局の提示をうけ混乱した事実は紹介されているものの、そこに業界あるいはマスコミ主導の事実は発見できなかった。

　イギリスに代表される先進資本主義諸国とは異なり、後発資本主義国であったわが国では、産業資本が封建遺制を駆逐していく過程で保険制度が導入されたとする、いわゆる「上からの制度移入」が定説である。その後も、実体的監督主義のもと官民協調の制度維持・発展がなされたことも、周知の事実といってよい。

　こうした歴史的経緯とわが国独特の官僚制（第5章に詳述）が複雑に絡み合った結果、1881年の明治生命創業から80年が経過したにもかかわらず、利用者メリットの増大に繋がる保険料の自由化を利用者自身が強く求めたという事実はなく、行政が主導的役割を果たさなければ、保険料の自由化も実現しなかったのである。

(2) 第④分野の自由化

　保険料の自由化が、生保の普及率・平均的な家庭が負担している保険料の金額等からみて、まぎれもなく第④分野の自由化であったことを確認したい。

　配当自由化が開始された61年度末現在の1件あたり支払保険料が6740円となっていること[5]。さらに銀行業界における金利自由化の完了が話題となっていた94年度の世帯加入率をみると、全生保（民間生保・簡易保険・農協共済の合計）で95.0％、うち民間生保が82.5％となっている。また1世帯あたり加入件数は、全生保で5.0件、うち民間生保が3.3件となっており[6]、同年の1世帯あたり年間払込保険料は、全生保で63.8万円、うち民間生保が46.7万円となっている[7]。

　こうしたデータからみて、生命保険利用者の圧倒的部分を金融取引──

無論そこには保険契約を締結することも含まれる——に関しては素人あるいはアマチュアの部類に含まれる個人が占めていること、ならびに彼らが負担する営業保険料が、多くても月々数万円以内という小口取引であったことの2点を指摘でき、保険料の自由化が第④分野に位置づけられる本格的自由化であったことがわかる。

すなわち生保業界は、隣接金融機関が90年代になって開始した第④分野の自由化を、はるか以前の61年から実施していたこととなり、わが国金融自由化の歴史のなかで、極めて稀有なケースであったのである。

(3) 実施目的

生保業界において実施された「管理された自由化」は、何を目的として実施されたのであろうか。

本来、監督当局が監督下にある金融機関の経営状況について、公表する、あるいは中立的な第三者機関に各社の経営状況を情報提供し公表させる目的は、その事実を金融機関の経営関係者（社長、取締役といった経営陣に株主を含む）ならびに利用者に周知徹底することにあるべきと考えたい。

その結果
① 経営者に自社の位置づけを明確に認識させるとともに経営に緊張感を生じさせること、
② 株主の投資判断を的確にさせること、
③ 利用している・利用しようと考えている金融機関、金融商品について利用者に適切な選択をさせること、

が可能になるのである。

また、こうした目的のもと重要事実を公表する行政の継続が、経営者、株主、利用者それぞれの自己責任意識を高揚させることも、自由化初期の段階では、目的のなかに含まれると考えてよい。相互会社組織が主力を占めていたわが国の生保業界にあっても、配当自由化という重要事実を公表する目的が変化することはありえない。

しかしながら、当局が配当自由化を公表するにあたり、その掲載誌として『銀行局金融年報』(各年版)を選択したことからみて、自由化の事実を利用者に周知徹底させるというよりも、業界関係者、特に経営トップ層に対し自社の業界内における位置づけを認識させることが主たる目的であったと理解せざるをえないのである。

　加えて生命保険会社間に過当競争を誘発しないよう、限定的に公表していることも注目点である。わが国では、実体的監督主義が採用されていることもあり、生命保険各社の配当水準決定には当局の承認が不可欠となっていた。こうした配当承認の過程を通して、当局が業界内に一定の秩序を維持すべく、裁量余地を留保していたであろうことは想像に難くない。

　また、配当のさらなる自由化を求めた69年答申においても、他方で、行政施策の方向として競争基盤の整備を求めており、こうしたことからも、公表が、生命保険会社間の過度な募集競争を誘発することがないよう、極めて限定的になったものとみてよい。しかしながら、永年にわたる審議会行政の動向からすれば、こうしたこと自体が当局ならびに業界意向を反映したとも考えられるのである。

　すなわち、「簡保には負けたくない、しかし自由化が過当競争を誘発し20社体制が崩壊することも困る(業界内の中・下位会社に天下りポストが用意されていたことと、無関係とは考えられない)」という相反する目的を同時に達成する手段が管理された自由化の進展であったのであり、契約者利益の拡大はある意味でのスローガンにすぎなかったのである。

(4) 比較情報の実質的非開示

　配当自由化では、自由化が開始された事実についてのみ当時の新聞紙上に紹介されたものの、個別会社の自由化状況に関する記事は見つけられず、利用者にとってその詳細を知る術は、当局からの情報公開を待たざるをえなかった。しかし、当局が個別会社の配当実績を利用者が判断できる内容で公表したことは、一度もなかった。

表2-1・2・3から明らかな通り、配当率分布状況では、項目毎の分布状況に応じた会社数のみが公表されており、配当格差では、最高・最低、A・B・Cといった例示にとどまっている。さらに、公表にあたり多くの利用者にはほとんど読む機会がない『銀行局金融年報』(各年版) が選択されたことも、当局が利用者に対し比較情報を開示する発想が皆無であったことを物語っていよう。

　仮に、利用者が公表データをみる機会に恵まれたとしても、自身が加入している生命保険会社が、それぞれの項目のどこに位置づけられているのか、次に加入する時にどの生命保険会社を選択すべきか、全く判断できない公表方法が採用・継続されていたのである

　特に、本来知るべき立場にあった利用者には極めて理解しづらく、さらには生保会社間に過当競争を誘発しないよう、限定的に開示した行政手法は、うがった見方をすれば、先に指摘した真の目的を隠すと同時に、「契約者への利益還元に当局も頑張ってます」というアリバイ作りに終始したともみてとれる。

　個別会社名を公表せず、配当率分布状況のみ公表した行政手法は、同時に、個別会社を対象とする行政の裁量権・影響力拡大にも資することができたとも指摘したい。

　また、75年答申をうけ、営業保険料中の付加保険料を構成する新契約費に幅料率が適用された際も、同様の趣旨から事実のみ公表し、個別会社のどの商品にどの水準の新契約費が採用されたかは、ブラックボックスとなっていたのである。

　視点を変えてこうした自由化の展開過程をみるならば、当局、業界、マスコミの各方面において、自由化の事実を利用者に周知徹底すべく比較情報を開示するという考え方が、全くなかったと指摘できる。

(5) 管理された自由化 (クローズド・タイプ)

　以上の特色からみて、生命保険料の自由化が極めて特異な方法——個別

会社名を一切開示せす、詳細情報の大部分をブラックボックスに押し込めておくという行政サイドに非常に都合のよい方法——でもって実施された、換言するならば、監督当局の裁量余地を大きく残した"管理された自由化"であったことは明白である。

わが国金融自由化のなかで先行実施されてきた生命保険料の自由化も、まさに日本的自由化であったと、断言せざるをえない。極論すれば、わが国固有の金融風土——詳しくは、第5章参照——をより固定化することに一役買っただけと指摘したい。

69年答申をうけさらなる自由化に踏み切った70年代中葉までは、当時の生命保険業界の状況からみて、こうした特色の存在を肯定しうる余地があったとも考えられるが、70年代後半から80年代前半にかけては、生命保険各社の経営体力も相応のレベルに達していたわけであり、この時期まで情報の非開示を継続した点は、配当自由化の是非を評価する際の最大のポイントとなってこよう。

まして、80年代の"ザ・セイホ"の時代まで、特に84年度から90年度までは、表2-1で明らかな通り、全20社が、その水準に差があったとはいえ費差益を確保しており、こうした管理手法を当局が継続する必要は、全くなかったといってよいのである。

4　生保経営・利用者への影響

このように、生保業界では61年から保険料の自由化を実施してきたにもかかわらず、欧米の金融機関やわが国の損害保険業界にみられたごとき経営上の顕著な変化が起きなかったのは、なぜなのか。

すなわち、97年日産生命の経営破綻が現実のものとなるまで、外資系企業の上陸、生・損保の相互参入はあったものの、戦前からの20社体制が温存されたままであり、69年答申が厳しい論調で、付加保険料の効率化を指摘していながら、90年代になっても費差配当ゼロの生命保険会社

が営業を続けていたのである。こうした生保会社が、なぜマーケットから排除されなかったのであろうか。

わが国の生保業界において61年以降実施されてきた配当自由化が、まぎれもなく第④分野にかかわる自由化であったにもかかわらず、生保各社の経営行動あるいは利用者の商品選択等に、目立った変化がみられなかったことは、否定できない。すなわち、先述した配当自由化の特色、そうした特色の存在そのものが、生保各社、利用者に変化をもたらさなかった要因と考えられるからである。

61年以来永年にわたって実施されてきた配当自由化が、"過当競争による生保市場の混乱防止"を錦の御旗とし業界競争を抑制する方向で実施されてきた結果、生保会社の経営者・利用者に与えた自由化の影響が、極めて限定的なものであったこと、極論すれば、影響がほとんどなかったことは否定できない。

仮に、ある生保会社が配当率分布状況において、低位にあった──費差配当がゼロの場合を含む──としても、公表結果に関する社員総代・契約者からの批判は、ほとんど生じなかったであろう。逆に、批判するどころか、その事実すら知らされていない社員総代が大多数を占めていたと考えられ、彼らが社員総代会の場で経営効率の改善を経営サイドに質問することなど、現実的には不可能な状況に置かれていたのである。むしろ、当時の社員総代・契約者は、業界の常識を尊重し業界平均を上回る経営規模の拡大を成し遂げた経営陣の続投を承認する役割を果たしていたのである。

当局による管理された自由化の中で、経営者の意思決定を悩ませたことは、当局の自社に対する評価をどう推測するか、銀行局検査部による3-4年に1回の検査の際に、自社の位置づけをどう説明し検査官を納得させるか等、内向きの問題であったことは、容易に想像がつく。結果として、戦後わが国経済の高度成長の恩恵を十二分に享受しつつ、経営者はひたすら経営規模、具体的には、新契約高・収入保険料・保有契約高・総資産の拡大に注力、経営規模をベースとする業界順位を定着させてしまったのであり、そこには、経営効率も経営特化も全く存在しなかった。

各答申が、随所で「契約者保護」「契約者利益に資する」と述べていながら、一方で、「競争基盤整備」「過当競争の排除」を指摘していたこともあり、監督当局が微妙な舵取りを迫られたであろうことは理解できるものの、結果として、契約者の「知る権利」を封殺してしまった行政判断は、わが国における保険思想の高揚、自己責任意識の自生に、少なからず影響を与えたことは否定できない。当局自らが、わが国固有の金融風土を変革する機会を逸し、逆により強固なものにすることに大いに力を発揮したのである。

　62年答申が「現在、各社の経営実態を見れば、被保険者の実際の死亡率、資産利回の実績、事業費の実績はすべて各社ごとにかなり相違しており、これに対して同一保険料率をもって律していることは、各社の経営の実態が反映されない結果となり、経営に余裕のある一部の会社については、経営者に安易な気持ちを抱かせ、契約者の利益を保護する観点から望ましくないとともに、そうでない会社については、他社に追随するの余り、経営の健全性をそこなうこととなるからである。」とこの時点ですでに経営陣によるモラル・ハザードの発生を懸念していたにもかかわらず、日産生命の経営破綻が現実のものとなるまで、配当自由化の事実を公表する等経営に緊張感を与える手段を何も講じなかった行政責任は、余りにも大きかったと指摘せざるをえない。

　97年以降、日産・東邦・第百・大正・千代田・協栄・東京と生保会社の経営破綻が相次いだことは記憶に新しい。生保の営業現場では、既契約者による紹介募集が一般化されていたこともあり、筆者は、経営破綻が現実となる前日まで、多くの利用者が生保商品は各社同一と思い込んでいたのではと、危惧している。こうした破綻会社が、公表された配当率分布状況のなかでどのグループに位置づけられていたのか、大多数の利用者が知る術を有しなかったわけだが、7社の"配当実施状況を理解したうえで契約した"と"何も知らずに、セールスマンの勧めるままに契約した"では、経営破綻後の契約者・マスコミの反応も大きく変わっていたであろうし、その後の生命保険離れも、全く異なる展開をみせたであろうと想定できよ

う。

　それだけに 61 年度から開始された配当自由化が、余りにも日本的な推移を辿った結果、生保経営あるいは利用者の生保会社・商品の選択に何らの影響を与えないまま、7 社の経営破綻を招いたことは、まさに日本的悲劇としかいいようがない。

　生命保険制度を利用する人々にとって、商品選択のポイントは、配当自由化の事実を知ることだけではないとの指摘もあろう。特に最近では、格付制度が定着しつつあり、経営状況を周知徹底する指標として、公正な第三者機関による格付けを重視すべきとの意見があってもおかしくない。また、戦前のごとき高料・高配、低料・低配といった各社間の経営戦略の相違、あるいは商品・加入金額・加入年数等による配当戦略の相違等を考慮すれば、会社名の公表はいたずらに混乱を招くだけだ、との指摘もあろう。

　しかしながら、筆者が当局の公表スタイルに大きな違和感を感じたことも事実である。80 年代の"ザ・セイホ"の時代に、何らかのルールを定め、会社名の公表に踏み切っていたならば、当時の生命保険会社の経営体力からみて、各社毎に特色のある経営行動を展開できたと考えるのは、筆者一人ではないであろう。

　わが国金融業界の中で、第④分野の自由化に先鞭をつけた保険料の自由化が、その軸足を「真の契約者利益の増進」に置かれて実施されていたならば、90 年代以降相次いだ隣接業界の本格的自由化に対する利用者サイドの対応も、より賢い動きをみせていたに違いない。

　結果としてわが国は、固有の金融風土を自ら変革させる絶好の機会を逃してしまったのである。

[注]
(1) 昭和 30 年 5 月 1 日付東京新聞、『東洋経済新報』第 2691 号、昭和 30 年 8 月 20 日、昭和 31 年 2 月 18 日付朝日新聞等参照。
(2) 『昭和生命保険史料』第 7 巻、生命保険協会、昭和 50 年 9 月、26-7 頁より転載。

(3) 昭和34年3月12日付読売新聞(『昭和生命保険史料』第7巻、前掲書、134頁より転載)。
(4) 配当内容の詳細については、御田村卓司「生命保険(普通保険)の計理問題」『生保商品の変遷』保険毎日新聞社、1989年10月を参照。
(5) 新生命保険実務講座刊行会編『新生命保険実務講座 第10巻 業史・資料』有斐閣、1967年5月、348-9頁。
(6) 『国際生命保険統計(2010年版)』生命保険協会、2010年10月、9頁。
(7) 『平成21年度生命保険に関する全国実態調査』生命保険文化センター、2009年12月、33頁。

第3章

保険制度改革と「日本版ビッグバン」・日米保険協議

1 はじめに

　本章では、損害保険料の自由化実施に大きな影響を与えた96年4月実施の保険制度改革、実態的には、戦後初の保険業法の抜本的改正と、橋本首相（当時）による同11月の「日本版ビッグバン」指示並びに同12月の日米保険協議の決着について確認しておく。

　損害保険料の自由化にあたっては、日米保険協議の決着がその大枠ならびに実施スケジュールの決定に大きな促進要因となったとする見方が大勢である。しかし89年から94年にかけて実施された保険審議会下部機構である総合部会・法制懇談会での議論において、すでに日米構造協議の行方を推測し、算定会の役割を見直すことが取り上げられていたことも事実であり、当局・業界が算定会の改革に関し、その影響をいかに軽微なものとするかに関し、種々知恵を絞っていたことも忘れてはならない。

　また改正保険業法の施行によって開始された保険制度改革から遅れること7カ月後に実施された「日本版ビッグバン」指示を受け、97年6月開催の第64回保険審議会総会において、損害保険料の自由化に向けて、日米保険協議での決着内容を尊重しつつその具体的内容・スケジュールが決定されていることも、見逃せない。いわば、「日本版ビッグバン」指示・日米保険協議の決着が、損害保険料の自由化の流れを後戻りできないところまで一気に加速するとともに、従来までの当局による裁量余地を極めて

小さくしたのである。

　以下、当局・業界の合作であった自由化案が、いかなる内容であったのか、「日本版ビッグバン」指示あるいは日米保険協議の決着は、損害保険料の自由化にいかなる役割を果たしたのか、さらにこうした動きがすでに保険料の自由化を完了していた生保業界にいかなる影響を与えたのか等について、考えてみたい。

2　保険制度改革の経緯と内容

(1)　経緯

　89年4月開催の第49回保険審議会総会において、「保険事業の在り方及び保険関係法規の見直し」について審議することが決定され、同時に審議を担当する下部機構として総合部会が設置されることとなった。

　今回の審議を始めるにあたって、当局が配布した「事務局報告」について、以下に紹介しておく（H元：97）。一読すれば、当局が生損保両業界の意向も踏まえつつ、根拠法の改正も含めた抜本的制度改正を当初から目指していたことが理解できる。

〈第49回保険審議会事務局報告（要旨）〉

（平成元年4月28日）

(1) わが国の保険事業は、社会・経済環境の変化のなかで、事業内容の多様化を進めてきており、この間、行政面では、ほぼ半世紀前に制定された現行の保険関係法規（保険業法：昭和14年制定、外国保険事業者に関する法律：昭和24年制定、保険募集の取締に関する法律：昭和23年制定）の弾力的な運用により、環境変化への対応を図ってきた。

(2) しかしながら、社会の高齢化、情報化が進み、金融の自由化・国際化が一層進展している今日、現行法規の弾力的な運用のみでは限界があり、長期的かつ広範な視点から、保険会社の業務範囲、事業の監督のあり方

第 3 章　保険制度改革と「日本版ビッグバン」・日米保険協議

等、今後の保険事業をめぐる諸問題を検討し、これを踏まえて、保険関係法規の見直しを行うことが必要となっている。

89 年 6 月より開始された総合部会では、90 年 5 月までの間に 17 回の会合を開催、「保険事業の役割について」と題する総合部会報告を取りまとめ、同年 6 月開催の第 52 回保険審議会総会において報告・了承されている。同部会での検討はその後も続けられ、91 年 4 月開催の第 30 回総合部会において、「保険会社の業務範囲の在り方について」と題する経過報告を取りまとめ、同月開催の第 54 回保険審議会総会に報告・了承されている。さらに同部会は、保険経理の見直し、保険募集のあり方、保険監督のあり方等についても検討を重ね、92 年 5 月開催の第 53 回総合部会において「新しい保険事業の在り方」と題する最終報告を取りまとめ、同年 6 月開催の第 56 回保険審議会総会に報告・了承され、直ちに大蔵大臣に答申された。同時に、本答申の内容を踏まえ、関連法規の改正を検討する場として、法制懇談会を下部機構として設置することも決定された。

法制懇談会は、その後、31 回に及ぶ審議を行い、94 年 5 月「法制懇談会報告」を取りまとめ審議会に報告・了承された。審議会は同年 6 月「保険業法等の改正について」と題する答申を大蔵大臣に提出、保険業法等関連法規の改正作業が開始されることとなった（H6：64-6）。以下順に関連部分を紹介する。

「保険事業の役割について」
―保険審議会総合部会報告―

（平成 2 年 6 月 1 日）

　第 3 章　今後の保険事業の課題
　5. 保険事業の効率化促進
（1）〔中略〕保険事業の効率化を推進することが重要であり、これまでの画一的な状況を排し、商品、価格（料率、配当）、サービスの面での競争促進が不可欠である。
（3）今後、競争を促進するために利用者の立場からみた競争と経営の安定

のバランスの望ましい在り方や、現行の経営危機対応の制度を見直し、例えば支払保証基金制度のような環境（安全ネット等）を整備することについて検討する必要がある。

料率算定会制度については、〔中略〕今後とも料率算定会の制度、運用の弾力化について検討する必要がある。

(4) 競争促進のため、新規参入を抑制的にすべきではない。〔中略〕

なお、他業からの新規参入については、保険事業と他業との利益相反の問題等について検討する必要がある。〔以下略〕

「保険会社の業務範囲の在り方について」
―保険審議会総合部会経過報告―

(平成3年4月26日)

第3章　検討
Ⅰ．保険事業の多様化、効率化
(1) 保険商品
ロ．料率、配当による競争促進、料率算定会の検討
　(イ) 保険商品の料率、配当は、〔中略〕結果的には画一的なものとなり、各社の資産運用成果や事業の効率化の優劣が十分に反映されていない。そのため、保険事業においては、これまで価格競争が十分に行われず、事業の効率化の努力も不十分なものにとどまってきた〔中略〕、価格面での競争促進により事業の効率化を図ることが望ましい。
　(ロ) 料率算定会制度については、〔中略〕制度、運用の弾力化について議論を深める必要がある。
ハ．商品審査
　(イ) 保険事業の競争を促進し、効率化を進めるため、保険会社の創意工夫が生かされ、特色のある商品を開発できる体制を整備する必要がある。自己責任原則の下、各社の商品設計における独自性を尊重するため、簡易審査の拡充といった商品検査の簡素化の必要がある。
ホ．マーケティング、商品提携
　(イ) ニーズの多様化に対応した商品開発を進めるためには、料率、配当による競争促進、商品審査の簡素化等に加え、マーケティングを充実する必要がある。〔以下略〕

第3章　保険制度改革と「日本版ビッグバン」・日米保険協議

〈新しい保険事業の在り方〉

(平成4年6月17日)

第2章　保険事業の在り方について
5. 保険事業の監督について
(5) 料率、配当に係る規制
ハ．保険商品の料率、配当については、商品開発と同様、各社の自己責任原則に基づき、より自由な設定が進められる必要があり、これに対応して料率、配当に係る規制を緩和する必要がある。このうち料率規制は、〔中略〕別途契約者間の公平性、事業の健全性維持等を確保するための措置が講じられる必要がある。

　　この場合、今後の料率規制の在り方としては、〔中略〕適正な料率設定が確保でき、契約者保護等の面で問題が少ないと判断される分野について、認可制を緩和し、届出制に移行することが望ましい。

　　また、配当の承認制については、アセット・シェア方式の導入、区分経理及び特別勘定の導入・活用、ディスクロージャーの拡充、ソルベンシー・マージンや標準責任準備金の考え方の導入等を前提に、廃止することが望ましい。その際、〔中略〕配当に関する基本原則を規定するとともに、〔中略〕保険計理人が必要な権限及び責任をもって配当の妥当性を合理的に検証し、これを行政当局に届け出る等の仕組みを設けることが適当である。

(6) 料率算定制度等
ト．〔中略〕今後の料率算定の枠組みとしては、対象とする保険種目全てについて営業保険料率を算定するという現行制度を見直し、状況の変化に対応して、問題が生じるおそれが少なくなったものについて、純保険料率部分のみに遵守義務を課し、付加保険料率部分は、アドバイザリー・レートとして提示することもできる制度を導入することが適当である。〔以下略〕

「保険業法等の改正について」
——保険審議会報告——

(平成6年6月24日)

〈継続的監督〉

① 届出制の導入
・現行は商品・料率とも一律認可となっているが、特定の商品・料率については届出制（届出後一定の期間内に行政側が変更命令を出さなければ、期間満了時に自動的に届出に係る法的効果が生じる制度）を導入する。

〈損害保険料率算出団体に関する法律〉
・特定の種目等については、純保険料率については算定会の算出した料率を各社が使用する義務を課するものの、付加保険料率部分については遵守義務を外し、算定会の算出したアドバイザリー・レートを参考にして各社が決定する制度に改める。この場合において、各社の算出した営業保険料率が、算定会の算出した（純保険料率＋アドバイザリー・レートとしての付加保険料率）の上下一定範囲以内にあるときは、大蔵大臣への認可も届出も要しないこととする。

　ここで注目したいのは、96年4月1日改正保険業法の施行前に当局が公表した業法逐条解説（H7：20-1）あるいは改正の概要（金融年報H8：70-1）のなかでの算定会制度の変更に関する解説である。以下に関連部分を紹介する。本資料は、当局・業界が日米保険協議の決着以前に決定していた算定会制度の改革内容を確認できる貴重な資料であり、一読すれば、日米保険協議の決着内容と比較し大きな相違点があったことを容易に理解できる。ということは、アメリカからの対日要求が、当局・業界の想定とはかけ離れた内容であったことを意味しよう。

〈逐条解説〉
2. 損害保険料率算出団体に関する法律
　［第10条の5　範囲料率及び特別料率］
　各会員が料率団体の届け出た保険料率を、どのように用いるかについて定めた。
　(1) 範囲料率（第1項～第3項）
　料率団体の算出した料率が認可制から届出制へ移行したことに伴い、従

来、料率団体が大蔵大臣より認可を受けた保険料率を会員会社が遵守することとしていたものを、料率団体が大蔵大臣に届け出た保険料率について審査期間（原則90日）が経過した場合に、当該届出料率の上下一定範囲内の保険料率（範囲料率）に対する使用義務を会員会社に課す制度に改めた。

保険料率算出を社会情勢の変化に柔軟に対応できるよう、従来、法律において定めていた範囲料率の範囲を大蔵省令において定めることとした。範囲料率の適用単位は、料率算出の合理性と公平性の観点から、「保険料率の算出の基礎を同じくするものとして大蔵省令で定める保険の目的ごと」とした。〔以下略〕

(2) 特別料率（第4項～第9項）

従来の特別保険料率を特別料率として利用しやすいものとした。具体的には、従来は料率団体の算出した料率に対する「一定割合の引上げ又は引下げ」しかできなかったが、今後は「範囲料率以外の保険料率」と位置づけ、料率団体の算出した料率の算出単位に限らず、料率水準の調整を可能とした。

個別の会員会社による料率団体の算出した料率からの乖離である特別料率については、その妥当性につき大蔵大臣の十分な監督を及ぼすため、改正前の認可制を維持し、〔中略〕、保険料率の原則に基づき審査を行うこととした。

[第10条の6　特定料率]

(1) 特定料率（第1項～第8項）

平成4年の保険審議会答申に基づき、純保険料率にのみ使用義務を課し、付加保険料率についてはアドバイザリー・レートとする特定料率制度を導入した。この制度は、保険契約の内容、保険契約者の保険契約に関する知識、保険契約に係る取引の態様等に照らして料率団体の算出した営業保険料を使用することを要しないものとして大蔵省令で定める保険の目的について、営業保険料率のうち経費部分等に相当する付加保険料率をそれぞれの保険会社がその契約の態様等に応じて算出し、それをもとにした営業保険料率を使用できるようにしたものである。さらに、各保険会社の使用する付加保険料率が料率団体の届け出たものを中心として一定の範囲内にあるときは、各保険会社からの届出等は不要（みなし認可（届出））とした。

これにより、付加保険料等について弾力的な設定が可能となり、契約者の実態に沿った保険料率での契約が行えるようになる。この付加率アドバ

イザリー制度の対象は大蔵省令に定めることになっており、具体的には、一定規模以上の企業物件に付加される保険などが考えられる。〔以下略〕

〈改正の概要〉
(2) 保険商品・料率についての届出制の導入
〔中略〕新保険業法では、規制緩和・競争促進の観点から、保険契約者等の保護に欠けるおそれの少ないものとして大蔵省令で定められる特定の保険商品・料率について、届出制を導入することが規定されている。この結果、届出制の導入を通じて、保険会社による商品開発の弾力化およびその迅速化が図られ、あるいはより経済社会の変動に即応した機動的な料率の設定が可能となり、契約者にとっては、自らのニーズに一層合致した新たな保険サービスを受けることが可能となると考えられる。

ただ、保険商品や料率の届出制の導入については、アメリカ等諸外国において自由化の結果生じた引受拒否や料率の乱高下といった事態が生じないよう、保険契約者保護等の観点から、自由化に伴う混乱を避けるため、段階的、かつ、着実な自由化を指向していくことも肝要と考えられる。したがって保険契約者等の保護に欠けるおそれが少ないものとして届出制の対象となる保険は、主として、
　① 大企業を対象とする大口の企業物件に係る保険
　② 国際的な取引に係る保険
　③ 専門的知識を有する者を保険契約者とする保険
といったものであり、これらの者から徐々に拡大していくことになる。

　すなわち保険制度改革の過程で当局・業界が決定した算定会改革は、大口・プロ向けの保険契約——いわゆる企業物件——を対象とするものであり、先述した金融自由化の4分野からいえば、第③分野の自由化に位置づけられる自由化であった。預入額5億円以上の譲渡性預金の金利自由化からスタートした銀行業界あるいは約定代金10億円超部分の株式売買手数料の自由化からスタートした証券業界と全く同じ図式となっている。したがって当初から第④分野の自由化に踏み切った生保業界とは、その趣を大きく異にする内容であったのである。

たとえば、96年7月より開始された付加保険料率アドバイザリー制度適用契約は、火災保険の大規模企業物件のうち保険金額300億円以上となっており、こうした見方を裏づける行政裁量となっている（金融年報H9：114）。さらにその狙いが、業界20社体制を維持するべく自由化の影響をコスト対応力のある大手損保に限定することにあった、と読み取れよう。

なお自由化対象物件は、その後の日米保険協議の決着内容を踏まえ、97年1月保険金額200億円以上、98年4月同70億円以上へと順次拡大されている。

(2) 内容

1900年制定の旧保険業法は、その後数次にわたる改正を経た後、39年戦時統制色を強める改正がなされ、戦後から今回の抜本的改正まで根拠法として位置づけられていた。戦後半世紀を経過する間に隣接業界の根拠法が戦後経済・社会の変遷にあわせ逐次改正されたのと比較し、"カタカナ業法"と揶揄される所以であった。

とはいうものの、保険業界を取り巻く環境が全く変化しなかったわけではなく、生・損保両業界ならびに保険制度利用者が、時代遅れの業法の下、不便をかこっていたことは否定し難く、業法改正は業界の悲願でもあったのである。

80年代に入り、保険業界を取り巻く著しい環境変化——たとえば、少子・高齢化の進展、保険制度利用者の意識・価値観・ニーズの多様化、ライフスタイルの変化、金融機関としての地位向上・役割期待の変化、外資系会社の進出等々から、関係各方面にて業法改正を求める意見が高まり、戦後初の大改正が実現したのである。

保険制度改革は
  ・規制緩和・自由化の推進
  ・保険業の健全性の確保

・公正な事業運営の確保

を三本柱として実施されたわけだが、制度改革の狙いは、当局ならびに生損保両業界が、それぞれ20社体制を維持すべく業界秩序の維持を重視してきた業界運営からの脱皮を確実なものとすることにあったとみてよい。逆の見方をすれば、このままでは国際競争に勝利できないとする当局・両業界の上位会社の危機感が色濃く反映された内容でもあった。

そこで三本柱それぞれに盛り込まれた主要項目とそれぞれが実施された場合に期待される経営上の効果（[　]内に記述）についてみてみる。[1]

① 規制緩和・自由化の推進
・生・損保の相互参入（子会社方式による生損保相互参入）
・商品・保険料率の一部届出制の導入
・資産運用手段・業務範囲の拡大
・資金調達面での規制緩和
・生命保険募集人の一社専属制の一部緩和
・保険ブローカー制度の導入
・損害保険料率算出団体に関する法律の改正
　[自由化を通じて競争の促進、市場の効率化が図られるとともに、ニーズにマッチした商品提供を促進]

② 保険業の健全性の確保
・保険経理規定の整備
・ソルベンシーマージン基準の導入
・保険計理人制度の拡充
・経営危機対応制度の整備
　[事業の健全性の維持に努めるとともに万が一の場合でも契約者保護に迅速に対応することにより、契約者の保険に対する信頼と安心を確保]

③ 公正な事業運営の確保
・相互会社の企業統治に関する改正
・情報開示規制の強化

第 3 章　保険制度改革と「日本版ビッグバン」・日米保険協議

・相互会社の株式会社化容認
　［事業運営の透明性を高めるとともに、経営チェック機能を働かせることにより、公正・公平な事業運営を確保］

　上記のごとき保険制度改革の狙いが、後述する「日本版ビッグバン」と同一方向にあったことは疑いなく、7カ月後に指示された「日本版ビッグバン」の狙いを先取りする形で、保険制度改革が開始されたのである。

3　「日本版ビッグバン」の背景と内容

(1) 背景

　ビッグバンは、86年10月イギリスのサッチャー首相によって実施されたイギリス証券市場の大改革を総称する言葉として各方面に知られることとなった。すなわち、ビッグバンの本来的意味である"宇宙大爆発"になぞらえて、証券市場改革を短期間に徹底する決意を内外の市場関係者に示すべく使用された表現であり、いわばサッチャー改革のキャッチフレーズと位置づけられていた。
　イギリス証券市場改革が期待通りの成果をあげたことから、ビッグバン＝大改革と捉えられるようになり、わが国でも、橋本首相が指示した金融制度改革への取り組み方を総称する表現として、「日本版ビッグバン」という表現が使用されるようになったのである。
　96年11月、直前の総選挙で勝利し第二次橋本内閣をスタートさせた橋本首相（当時）が、その発足にあたり掲げたのが6大改革、具体的には行政・財政構造・金融システム・社会保障制度・経済構造・教育に関する改革の実施であった。
　わが国では戦後から90年代まで、中央省庁が歴代内閣をその行政遂行能力によって支えてきたことから、各種の改革を実行するにあたっても、

各省庁が事務局を務める各審議会の審議を経て漸進的に実行されるのが常であった。したがって、時の首相が改革宣言をしたからといって、改革項目・スケジュールが策定され、即開始されることなど考えられないことであった。

特に金融制度改革については、実体的監督主義を掲げる大蔵省の強力なリーダーシップのもと官民合作の制度改革が実施されてきたことが周知の事実となっていたわけであり、大蔵省・金融業界の視線は、どちらかといえば時々の内閣より欧米との金融協議に向けられていたと指摘してもよい状況が続いていた。

それだけに、関連事項を所管する大蔵・法務両大臣に対し首相が直接指示をした「日本版ビッグバン」は、その手法がわが国政策遂行上極めて異例の手法だったことから、逆に内外の関係各方面に首相の強い政治的決断と受け止められ、その後に続く一連の金融制度改革の出発点となったのである。

特に、対日要求に対するわが国の回答に強い不満を表明していた欧米諸国からは、わが国の金融市場を欧米流の市場メカニズムと自己責任原則に基づく国際金融市場へと変化させる決意表明と受け止められ、「日本版ビッグバン」指示は今日まで続く対日投資拡大の契機となったのであった。

橋本首相が指示した６大改革のなかで金融改革が先行した理由として、「橋本内閣としては政治的要請から早急に６大改革の具体的成果を示す必要があったにもかかわらず、金融以外の分野では準備が整っていなかった。それに対し金融制度については長い間の検討の蓄積があり、いわば部品はそろっていたので、決断さえすれば短期間に立派な結論を出すことも可能であった。いきおい、金融システム改革は６大改革の中で早々に実績を示す役割を担うことになったのである」(2)とする見方が大勢の様である。

戦後一貫して護送船団行政のもと業界協調体性を維持してきた金融業界にとっては、まさにビッグバン（大爆発）であった。

(2) 内容

　それでは、橋本首相は金融制度改革に関し何を指示したのか。指示内容を以下に紹介するが、橋本首相の強い政治的決断が読み取れる内容となっていることに注目したい[3]。

　　〈わが国金融システムの改革── 2001年東京市場の再生に向けて〉
Ⅰ　目標：2001年にはニューヨーク、ロンドン並みの国際市場に
(1) 優れた金融システムは経済の基礎をなすものである。21世紀の高齢化社会において、わが国経済が活力を保っていくためには、
　① 国民の資産がより有利に運用される場が必要であるとともに、
　② 次代を担う成長産業への資金供給が重要、
　③ また、わが国として世界に相応の貢献を果たしていくためには、わが国から世界に、円滑な資金供給をしていくことが必要、このためには、1200兆円ものわが国個人貯蓄を十二分に活用していくことが不可欠であり、経済の血液の流れを司る金融市場が、資源の最適配分というその本来果たすべき役割をフルに果たしていくことが必要。
(2) 欧米の金融市場はこの10年間に大きく変貌し、これからもダイナミックに動こうとしている。わが国においても、21世紀を迎える5年後の2001年までに、不良債権処理を進めるとともに、わが国の金融市場がニューヨーク・ロンドン並みの国際金融市場をとなって再生することを目指す。

　これには、金融行政を市場原理を機軸とした透明なものに転換するだけでなく、市場自体の構造改革を成し遂げ、東京市場の活性化を図ることが必要。
(3) 上記の目標を実現するため、政府・与党を挙げて、次の課題について直ちに検討を開始し、結論の得られたものから速やかに実施し、今後5年間の内に完了することとする。
Ⅱ　構造改革への取り組み：2つの課題（「改革」と「不良債権処理」）
　目標達成に向けて、市場の活力を蘇らせるためには、市場の改革と金融機関の不良債権処理とを車の両輪として進めていく必要がある。

(1) 改革：3原則（Free、Fair、Global）
　① Free（市場原理が働く自由な市場に）――参入・商品・価格等の自由化
　② Fair（透明で信頼できる市場に）――ルールの明確化・透明化、投資家保護
　③ Global（国際的で時代を先取りする市場に）――グローバル化に対応した法制度、会計制度、監督体制の整備
(2) このような徹底した構造改革は、21世紀の日本経済に不可欠なものとは言え、反面さまざまな苦痛を伴うもの。金融機関の不良債権を速やかに処理するとともにこうした改革を遂行していかなければならないので、金融システムの安定には細心の注意を払いつつ進めていく必要がある。

　橋本首相による「日本版ビッグバン」指示をうけ、関連する5審議会（金融制度調査会、証券取引審議会、保険審議会、外国為替審議会、企業会計審議会）に対し、01年までに金融システム改革を完了するプログラムを取りまとめるよう要請がなされ、各審議会の検討が開始されることとなった。

　すでに官民合作の段階的金融自由化を受け入れてきたわが国金融業界であったが、首相指示をうけ、金融構造の改革を含む本格的金融自由化時代を迎えることとなったのである。

(3)「日本版ビッグバン」指示後の保険制度改革

　先述した通り、橋本首相指示をうけ、各審議会の本格的議論が開始されることとなった。

　保険審議会では96年12月開催の第63回保険審議会総会にて、保険業および保険監督行政における基本的な問題を検討するための「基本問題部会」の設置ならびに検討期間を97年6月までとすることが決定され、同時に今後の検討項目も決定された。以下に主要検討項目を紹介しておく。

第3章　保険制度改革と「日本版ビッグバン」・日米保険協議

- 算定会の改革等、自由化措置
- 業態間の参入促進
- 持ち株会社制度の導入
- 銀行等による保険販売等
- トレーディング勘定への時価評価の適用

　こうした保険審議会の決定に大きな影響を与えたものとして、同年12月の日米保険協議の決着を取り上げたい。そこで、日米保険協議の経過と決着内容について、その要点を簡単に紹介する。[4]

　日米間で保険問題が初めて取り上げられたのは、アメリカとの日米構造協議の場において、保険が優先3分野の一つとして協議の対象となった93年であった。その後議論が日米包括経済協議に引き継がれ、94年10月には、「日本国政府およびアメリカ合衆国政府による保険に関する措置」が調印され、商品・料率認可の自由化・弾力化等が96年4月実施の保険制度改革に盛り込まれることとなった。

　しかし保険制度改革開始後も、「規制の存在が外国保険会社の自由な活動を阻害している。したがって、子会社による傷害保険の取り扱いについては、規制緩和後とすべき」とするアメリカの主張と「保険制度改革の中心的テーマであった生損保相互参入を軟着陸させるためには、第三分野における参入規制は必要ない」とするわが国の立場が一致せず、96年12月15日決着を目指し交渉が続けられたのである。

　同年8月には、日本側から自動車保険の通信販売を認める妥協案を提示したものの折り合いがつかず、結局96年12月14日に以下の合意が成立し、同月24日「日本国政府及びアメリカ合衆国政府による保険に関する補足的措置」が調印された。いわゆる日米保険協議の決着であった。

　合意内容について以下に列挙しておく。
　○位置づけ
- 94年合意の「措置」と一体をなす「補足的措置」
- 日本の金融システム改革（日本版ビッグバン）と整合性をとりつつ

実施されることを意図
○主要分野の規制緩和
 ・火災保険の付加率アドバイザリー制度の最低保険金額の引き下げ
 ・届出制対象種目の追加
 ・算定会料率の使用義務の廃止および算定会制度の抜本的見直し
 ・大蔵省によるリスク細分型商品の認可（リスク細分型自動車保険については97年9月1日以降認可）
○子会社による第三分野への参入
 ・生命保険会社の損害保険子会社による傷害保険の販売解禁（97年1月1日以降、所要の激変緩和措置を講じたうえで実施）
 ・損害保険会社の生命保険子会社に対する激変緩和措置（医療単品保険およびガン単品保険の販売禁止等）
○激変緩和措置の解除のための基準
 ・「主要分野の規制緩和」として掲げられた各措置が実施されてから2年半後に激変緩和措置を解除
 ・激変緩和措置は遅くとも2001年（平成13年）までに終了させるため、「主要分野の激変緩和」の各措置は、遅くとも平成10年7月1日までに実施

　すなわち日米保険協議の決着によって、算定会料率使用義務の廃止に象徴される損害保険料率・商品開発面にかかわる規制緩和が一挙に進展したことは否定できない。したがって今回の保険審議会は、隣接業界の審議会同様「日本版ビッグバン」指示を受けての開催ではあったが、実態的には日米保険協議の決着を日本流にオーソライズせざるをえない環境下での開催となり、従来までの審議会とは、多分に異なる役割を負っての開催とならざるをえなかったのである。

　こうした結果わが国保険業界は、96年4月1日の改正保険業法の施行以降、11月11日の橋本首相による「日本版ビッグバン」指示、12月24日の日米保険協議の決着と大きな曲がり角を迎えることとなったのである。

たとえば、損害保険協会が「協議の発端となった生損保子会社による第三分野への参入問題からかけ離れ、算定会料率の使用義務の廃止や火災保険、自動車保険といった損保の基幹種目の大幅かつ性急な自由化を求める内容となっている」(5)と説明している通り、日米保険協議の決着によって、当局・業界の想定を大きく上回る損害保険料の自由化を業界が受け入れざるをえなかったことは、否定できない。特に、当初想定していた第③分野の逐次自由化に止めることがかなわず、一挙に大衆物件の自由化、すなわち第④分野の自由化にまで進展したわけであり、次章に詳述する通り、損保経営・損害保険利用者に大きな変化をもたらすこととなったのである。
　さらにわが国保険制度改革を巡る一連の動きのなかで、大きな影響を与えたのが、「金融システム改革のための関係法律の整備に関する法律」（以下、97年金融システム改革法）の制定である。従来わが国では、銀行・証券・保険各業態がそれぞれ別個の根拠法・審議会に基づき制度改革を実施してきた。その結果、業態毎に制度改革が実施され、金融制度としてまとめてみると、整合性を欠く場面が無きにしもあらずであった。
　97年金融システム改革法はこうした従来の考え方を一変し、各業態に関連する23本の法律改正を一挙に処理することを目的としたものであり、今日まで続く金融制度改革を方向づける法律であった。見方を変えれば、法整備に関する当局の考え方が大きく舵を切った瞬間といってもよく、各業態の垣根が一段と低くなることを容易に予想させる法律の誕生と位置づけることができよう。
　同法は、
　　① 資産運用手段の充実、
　　② 活力ある仲介活動を通じた魅力あるサービスの提供、
　　③ 多様な市場と資金調達チャネルの整備、
　　④ 利用者が安心して取引を行うための枠組みの構築、
を柱とする法律であり、主な保険制度改革関連事項を列挙すれば、以下の通りである。
　　・投信の窓口販売の導入

- 有価証券投資範囲の拡大
- 損害保険分野における算定会料率使用義務の廃止
- 他業態からの保険子会社による参入
- 情報公開の充実と公正な取引ルールの整備
- 情報開示制度の整備
- 早期是正措置の導入
- 保険契約者保護機構の創設

　まさにその後10年余にわたって行われた保険制度改革の主要項目が網羅された法律といっても過言ではなく、保険業法の改正によって認められた生損保相互参入と相俟って、わが国保険業界に大きな影響を与えることとなったのである。

(4) 保険制度改革における「日本版ビッグバン」・日米保険協議の役割

　前述の通り96年度は、保険制度改革の進展にとって特筆すべき1年であった。改正保険業法の施行によって保険制度改革が開始されたとはいえ、監督官庁ならびにわが国保険業界にあった従来からの行動基準によれば、一気呵成に制度改革が進展するとは考えにくく、経験則に立つならば、護送船団行政の枠内での改革にとどまることは容易に予想できることであった。しかし橋本首相による「日本版ビッグバン」指示は、こうした経験則に冷や水を浴びせたわけであり、さらに日米保険協議の決着が保険制度改革に後戻りのできない改革レベルを設定したのである。

　たとえば、
① 欧米の保険会社が強く求めたリスク細分型自動車保険の通信販売が短期間に認可されたこと、
② 限りなく国内問題に近いテーマと位置づけられていたこともあり、銀行による保険窓販を07年12月22日をもって全面解禁すべきか否か、結論が出されなかったこと、

の2点を比較してみれば、自ずと日米保険協議の決着が、わが国による対

米譲歩の産物であり、それだけに関係者に与えた影響の大きさを理解できるのである。

　すなわち視点を変えるならば、改正保険業法の施行、「日本版ビッグバン」指示、日米保険協議決着と続いた一連の動きは、護送船団行政の恩恵を十二分に享受してきた保険村から、銀行・証券をも巻き込んだ競争社会へと脱皮するホップ・ステップ・ジャンプの機会を保険業界にもたらしたのであり、多方面から名実共に金融機関として認知される契機となったのである。

4　保険経営への影響

　それでは、改正保険業法の施行、「日本版ビッグバン」指示、日米保険協議の決着と続いた一連の自由化・改革は、保険会社の経営面にいかなる影響を与えたのであろうか。

　まず、生保業界から検証してみよう。

　生保業界では、残念ながら、以下に指摘する諸要因が複雑に絡み合い、保険制度改革の恩恵を経営面に反映できていない、とする見方が大勢である。

　すなわち、
　① すでに61年から契約者配当の自由化に踏み切っており、新契約保険料への幅料率の適用も76年から実施していた、
　② バブル崩壊後の株価低迷、超低金利政策の導入により、運用利回りが予定利率を下回る逆ザヤ現象が経営を圧迫、90年代に入り、度々予定利率の引き下げ——契約者からみれば新契約保険料の引き上げ——に追い込まれていた、
　③ 日米保険協議の決着により、生保による第三分野商品の取り扱いが01年まで延期された、
　④ 97年4月には、日産生命が逆ザヤ解消に行き詰まり業務停止に

追い込まれ（戦後初めての生保会社倒産）、その後も99年6月から01年3月にかけて6社が相次いで経営破綻するなど、利用者に深刻な影響を与えていた、

　⑤　さらに05年以降保険金不払い問題が表面化するなど、生保会社の存在意義を根底から揺さぶることとなった、[(6)]

等々の諸要因が複合的に作用しあい、保険制度改革開始以前から利用者の間に芽生えていた"生保離れ"を決定的な社会現象としてしまったといえよう。

　結果として、生保業界では、自由化の恩恵を新ビジネスモデルとして構築できたのがごく最近となるなど、利用者にとっても保険制度改革の恩恵を十二分に享受することができないまま、時が過ぎていったと指摘せざるをえないのである。

　表3-1は、保険制度改革後10年間の生保業績（個人保険）の推移についてまとめたものである。

　同表を一見すると、

　　①　新契約件数にみる終身保険のシェア低下と医療保険の上昇、

　　②　新契約・保有契約件数ならびに収入保険料の減少傾向、

を指摘できるわけだが、こうした業績動向が保険制度改革の結果出現したと結論づけできないところに、苦悩する生保経営の現状が表れているのである。

　一方損保業界に目を転ずると、戦後長年にわたって料率算定会制度によって価格競争・商品開発競争を封印してきた同業界に、保険制度改革の影響が極めて大きく現れたと指摘できよう（次章に詳述）。

第 3 章　保険制度改革と「日本版ビッグバン」・日米保険協議

表 3-1　生命保険・個人保険業績の推移

		95	96	97	98	99	00	01	02	03	04	05
新契約件数	万件	1,463	1,220	1,086	1,121	989	1,019	1,108	1,104	1,036	1,003	990
うち終身保険	万件	― (27.1)	― (31.4)	― (32.3)	365 (32.6)	― (33.0)	― (33.5)	337 (30.6)	331 (30.0)	285 (27.6)	260 (25.6)	255 (26.0)
うち医療保険	万件	― (14.4)	― (18.0)	― (21.0)	252 (22.5)	― (24.9)	― (24.3)	319 (28.9)	348 (31.6)	390 (37.8)	376 (37.5)	405 (40.9)
保有契約件数	万件	13,072	13,003	12,432	12,012	11,587	11,272	11,084	11,017	10,934	10,961	10,998
うち終身保険	万件	― (29.6)	― (30.7)	― (32.1)	4,002 (33.4)	― (34.2)	― (34.6)	3,841 (34.4)	3,831 (34.8)	3,811 (34.8)	3,751 (34.3)	3,747 (34.1)
うち医療保険	万件	― (16.0)	― (16.7)	― (17.8)	2,292 (19.1)	― (20.4)	― (21.5)	2,634 (23.8)	2,738 (24.9)	2,966 (27.2)	3,136 (28.7)	3,359 (30.5)
収入保険料	億円	183,877	176,227	177,397	179,456	166,757	161,649	156,716	157,224	148,673	148,853	150,720

(資料)　95-02 は、「生命保険ファクトブック」(生命保険文化センター) 各年版、「生命保険の動向」(生命保険協会) 各年版より作成。
(注 1)　終身保険には、定期付終身保険・利率変動型積立終身保険を、医療保険には、ガン保険を含む (なお、95・96・97 は疾病保険を、99・00 はその他死亡保険を記載)。
(注 2)　( ) 内は構成比、―は内訳数値未公表

83

[注]

(1) 詳しくは、保険研究会編『逐条解説　新保険業法』財経詳報社、1995年9月、近見正彦・前川寛・高尾厚・古瀬政敏・下和田功『現代保険学』有斐閣、1998年6月を参照。
(2) 西村吉正『金融システム改革50年の軌跡』前掲書、398頁。
(3) 詳しくは、西村吉正『日本の金融制度改革』前掲書を参照。
(4) 『日本の損害保険ファクトブック1997』日本損害保険協会、1997年9月、57-8頁。
(5) 同上、57頁。
(6) 詳しくは、保井俊之『保険金不払い問題と日本の保険行政』日本評論社、2011年8月参照。ただし同書は、保険金不払い問題発生後の行政対応を主題として詳述されており、同問題発生前の保険行政、特に保険料自由化に係る行政手法との関連性については、全く触れられていない。

第4章

損害保険料の自由化

1　はじめに

　戦前まで自由料率を採用していた生保業界と異なり、損保業界では、戦前から料率協調を目指す動きが表面化していた。同時期の主力商品であった火災保険を巡る料率協調体制の動向を簡単に紹介しておく。[1]

　明治新政府の経済近代化政策を支える制度の一つとして保険制度が導入された1880年前後から保険業法が制定された1900年までの約20年間を、わが国保険制度の確立期として位置づけてみると、その終了を迎えた1890年代末頃には、早くも料率協定を巡る動きが表面化してくる。すなわち大阪に本拠を置く9社が1899年に火災保険同盟会を結成するとともに、地方協定と呼ばれた料率協定を締結している。

　本邦料率協定の嚆矢であり、近代保険制度移植後の早い時期から、損保業界が料率協調を当然のことと考えていたことを示している。

　その後1907年5月には当時の有力5社を中心に火災保険協会が発足、同時に中央協定が実現、さらに14年16社協定、17年外国保険会社も加わった大日本聯合火災保険協会（日本社18社、外国会社24社、合計42社加盟）が設立され内外社間の協定が締結されている。

　損保業界が有するこうしたカルテル的体質が、昭和に入り折からの戦時経済下における統制経済と結びつきより強固な体制が構築され、そのまま敗戦後の再出発を迎えたのである。

資本主義経済を支える経済準備の手段と位置づけられながら、生保業界と損保業界では、制度発足当初からそれぞれの経営体質に大きな相違があったことがわかる。

2 経緯

(1) 95年以前

　敗戦により壊滅的打撃を受けたことは、損保業界も生保業界と同様であった。しかし損保業界では、45年12月に開会した第一次金融制度調査会第4部会において、料率統制・協定のあり方が早くも議論されその必要性が強調されるなど、戦前と同様に協定重視が大勢となり、48年7月施行の「損害保険料率算出団体に関する法律」（以下、料団法）に基づき損害保険料率算定会（以下、料算会）が設置され、料算会を中心とする新しい料率協調体制の誕生へとつながっていった。

　アメリカのコネティカット州保険法をモデルにしたと伝えられている同法は、制定当初から「私的独占の禁止及び公正取引の確保に関する法律」（以下、独禁法）の適用除外とされるなど、損保業界の戦後復興に大きな力を与えることとなった。

　一方、自動車保険分野では、47年統一保険約款・全社協定料率が導入され、その後55年には自動車損害賠償保障法（以下、自賠法）が制定され、同時に強制加入の自動車損害賠償責任保険制度（以下、自賠責）が導入され、関連する諸事務を料算会が担当することとなった。

　その後道路整備の進展等を背景とするモータリゼーションの高まりから、わが国における自動車保有台数（バス・トラック・乗用車の合計）が急増、同時に自動車事故件数の増加も顕著となった。こうした情勢変化を重視した当局・損保会社等関係者の間で、自動車保険関係業務の料算会からの分離が検討され、63年自賠責と任意の自動車保険を総括する自動車

保険料率算定会（以下、自算会）が誕生したのである[2]。
　料率算出団体制度が損害保険分野に限定されて認められた背景として、以下の諸点を指摘することができる。
　まずは、欧米諸国の損保会社も含め、損保の世界では共同引受・再保険体制が機能していた——損保サイドの表現を借りれば必要不可欠であった——という商慣習に由来する特殊性に注目したい。すなわち、戦後復興の過程で貿易立国を目指すわが国にとって、海外貿易に不可欠な海上保険や運送保険の担い手である国内損保会社の経営基盤を強化する意味からも料率協定は必要であったと理解されていたのである。
　さらに国内市場に目を向けても、戦前の火災保険市場における料率ダンピングと料率協定の繰り返しによる市場の混乱が戦後再び繰り返され、火災保険利用者である事業会社各社の経営の安定を阻害し、ひいては戦後復興の足枷となることを政府・経済界が恐れたこともあげられよう。
　しかしこうした特殊性をいつまで続けるべきかは議論の分かれるところである。損害保険料の自由化が実施された98年以降をみても、自由化に起因する市場の混乱が生じたとする指摘はどこにもみられず、日本経済が戦後のピークを迎えた80年代半ば以降も算定会料率を維持し続けた理由を見つけることの方が困難であり、さらに当局・業界の頑なな態度にも疑問符をつけざるをえない。
　したがって、69年以降各種答申が損保業界に対し度々画一体制の見直しを求めたのは、極めて当然のことであったと評価できよう。
　以下、順に関連部分を紹介しておく。

〈69年答申〉
第3　損害保険
　1．損害保険事業のあり方
　　戦後のわが国損害保険事業の大きな特色は、すでに述べたように保険商品の内容、料率、販売方法等の全般にわたって強い画一体制がとられてきた点にある。このことは、ひとつには戦後の再建という過度的要請による

ものであったが、また損害保険事業自体の特殊性にも由来する。現行法令上、損害保険事業について料率算定会の設立をはじめ種々の共同行為が認められているのも、その特殊性によるものと思われる。

しかしながら、画一体制から生ずる種々の矛盾やひずみが経営の効率化意欲と事業の発展を阻害しているだけでなく、契約者の利益のためにも重大な問題であることを考えると、過度の協調については、この際深い反省がなされなければならない。〔以下略〕

(1) 経営効率の向上と事業運営の弾力化

ロ．また、損害保険会社の事業運営については、料率算定会、損害保険協会等を中心として緊密な協調体制がとられている。協調には業界秩序の維持と無用の摩擦の排除という面からの意義があるが、各社間の経営効率に相当大きな格差が存在する現状においては、画一体制による矛盾と問題が大きくなってきている。従って、今後、国際競争力の強化、契約者サービスの充実の観点からすれば、状況の変化に即応する各社の適正かつ弾力的な事業運営が望ましい。業界としては、この際業界機構の従来のあり方を改めて反省し、各社の経営能力が十分発揮できるよう、業界機構の運営の弾力化に努力すべきである。

(2) 料率の適正化

ロ．また、各社の事業費に対応する付加率については、経営効率の差異ができる限り反映されるよう弾力化し、料率面から各社の経営努力を促すことが必要である。料率面における競争原理の導入は、経営効率の向上のために最も有効な手段であり、それはまた契約者の利益の増進のためにもきわめて必要なことである。〔以下略〕

(4) 経営の特色の発揮

損害保険業界においては、各社の販売する商品、販売方法、営業区域等がおおむね同様であり、しかも各社間には相当大きな企業格差がみられるが、とくに問題なのは経営効率における格差の存在である。〔以下略〕

2．行政施策の方向

〔中略〕行政のあり方としては、従来の画一主義から脱却して、各社の主体的努力ができる限り発揮されるよう、行政運営の弾力化に努めるべきである。

その際、損害保険事業が国民大衆を相手とする公益性の強い事業であること、また契約者の自己責任をただちに求めることが無理であることから

第4章 損害保険料の自由化

みて、従来どおり契約者の保護には十分留意しなければならないが、契約者の保護と事業の保護とは明確に区別し、契約者にとって真の利益となるものを見きわめ、事業に対する保護は、その健全性を確保するために必要最小限度にとどめるべきである。〔以下略〕

(1) 料率の適正化の推進

イ．〔中略〕今後はさらに、各社の経営効率が料率面にできる限り反映されるよう、料率の弾力化措置を積極的に推進し、料率面から各社の経営努力を促す必要がある。〔以下略〕

ロ．料率弾力化の方法については、当面、範囲料率、標準料率等が考えられるが、従来これらの制度が主として対象物件の危険度、すなわち純率が一律に定め難い場合に採用されていたのに対し、今後は各社の経営効率の差異をも反映しうるよう、これら制度の機能の拡充をはかっていくべきである。

ハ．また、損害保険の料率算定については、料率算定会が大きな役割をもっているので、この際料率算定会のあり方についても再検討を加え、その運営が本来の使命に沿って行なわれるよう指導すべきである。〔以下略〕

〈73年国民生活審議会答申〉

第2部 業種別の消費者保護施策について

第4章 保険サービス

1 消費者選択の幅の拡大

(1) 保険料率の弾力化、多様化による商品の多様化

〔中略〕次に、損害保険の料率は料率算定会による統一料率となっており、算定は各社の経営効率を加重平均した形で行なわれている。

このことは、経営効率の低い会社が存在することによって、効率の高い会社は利益を保証されることとなり、第1にこれら効率の高い会社における利益の消費者への還元方策がないこと、第2に業界全体が常に効率競争を行なうという保証はないことなど問題である。

したがって、損害保険料率について、消費者が会社間における公正自由な競争による利益を享受できるよう、たとえば付加保険料部分の弾力化、自由化などを含めて、そのあり方を検討する必要がある。〔以下略〕

〈75年答申〉
第2部　今後の損害保険事業のあり方について
　Ⅰ　総論
　(2) 適正な競争と自主的企業努力を通ずる経営の効率化
　損害保険においては、その事業の特性に基づき損害保険会社間の共同行為が一部認められていること等から、国民経済的見地からの有効な競争は必ずしも十分に行われない恐れがある。〔中略〕損害保険会社は、適正な競争と社会的公共的責任意識に基づく自主的企業努力を通じて経営の効率化を促進し、料率の引き下げ、〔中略〕その他契約者に対するサービスの向上等を通じて利用者の利益を増進させるよう努めなければならない。〔以下略〕
　Ⅱ　各論
　第2　保険料率
　　1．料率の適正化
　損害保険料率については、保険業法等により大蔵大臣の事前認可制がとられている。〔以下略〕
　現在の料率認可制度については、〔中略〕危険の実態等に即応する弾力的な料率適用がとかく行なわれにくいこと、料率面の競争が制限されるため損害保険業界全体としては料率が効率化推進の誘因とならないこと、等の問題が指摘されている。
　行政当局及び損害保険業界は、現行制度の趣旨を生かしながらこのような問題に一層適切に対処するため次の点に配慮すべきである。
　第一は、範囲料率制、標準料率制等の積極的な導入とその運営の弾力化である。〔中略〕範囲料率制の適用について、種目によっては料率算定会が各損害保険会社に対し具体的な適用基準を示している例があるが、範囲料率制の趣旨を最大限生かすためそのような運用はできるだけ避けることが適当である。
　第二は、料率検証の励行と料率の弾力的改定の促進である。〔中略〕料率面の全く自由な競争は不健全な過当競争に陥り、損害保険利用者に不測の損失を与える結果となる場合も考えられる。従って、料率面の競争を通じて料率の適正化を図ることには自ずから一定の限界があるので、料率算定会及び行政当局による料率検証の励行とそれに基づく料率の弾力的改定は実際上極めて重要な役割を担うべきものと考えられる。〔以下略〕
　　2．料率算定方法の改善

〔中略〕特に付加率の算定方法については、契約ごとの定額部分の導入、火災保険住宅物件における等地別付加率のあり方、〔中略〕等の問題について、検討を加えることが必要である。

　このように 69 年以降各答申が、損保料率の弾力化・自由化に関し同趣旨の指摘をしてきたにもかかわらず、
　　① 損保業界に独特の共同行為・再保険といった商慣習に関する特殊性、
　　② 中小会社の保護と業界 20 社体制の維持、
　　③ 料率面での過当競争がもたらす市場の混乱の回避、
等々を理由とした当局・業界の抵抗が続いたのである。
　しかしこうした表面的な理由だけで、同一保険料・同一商品内容の体制が持続可能であったとは、筆者にはとても考えられない。
　画一体制の維持が可能であった最大の理由として、生保市場で民間生保会社に対し、フリーハンドの料率競争を仕掛けてきた郵政省所管の簡保のごとき競争相手が市場に存在しなかったことを指摘したい。
　常に価格競争の機会を窺っていたライバル——しかも、簡保の場合には、保険金・給付金等の支払いが国家によって保証されていた——が存在しなかったことが、利用者不在の安易な料率協調を可能にしたのである。損保には同様の存在として各種共済があるとする考え方もあろうが、常に一定シェアにとどまっていた各種共済がわが国の全損保市場において、簡保同様の価格競争力・信用力を有していたと認めることには、無理があるのは当然である。
　また、下位会社といえどもそれなりに収益を確保できた——ということは、上位会社にはその水準を上回る相応の超過利潤が生じていたことを意味する——画一体制が、当局・業界にとって極めて居心地のよい体制であったと理解すべきであろう。
　さらに、料算会・自算会のいずれもが、当局の有力な天下り先であることは周知の事実であり、両算定会の役割変更・権限の縮小を必然的にもたらす画一体制の打破を、現役官僚ができるだけ先延ばししたかったと考え

ていたとしても、不思議ではない。

　結果として、保険制度改革が実施され、さらには日米保険協議の決着をみた 90 年代後半まで画一体制が続いたのである。

(2) 96 年以降

　96 年 4 月改正保険業法の施行を契機とするその後の 10 年余は、わが国損保業界にとって、大変な試練の時となった。以下、大衆物件の代表といってもよい自動車保険を例にとり、料率自由化の経緯について確認したい。

　まず、大きな動きを時系列的にみてみよう。

　・96 年 10 月自動車保険通信販売の認可、生損保相互参入の開始
　・同年 12 月日米保険協議決着
　・97 年 9 月リスク細分型自動車保険の認可
　・98 年 7 月算定会料率使用義務の廃止（経過措置 2 年間）
　・00 年 7 月料率完全自由化

　ここでリスク細分型自動車保険の認可に関し、以下の点を特に指摘しておきたい。

　今回の自由化措置によってわが国初登場となったリスク細分型自動車保険の認可にあたり、大蔵省は、被害者救済・契約者保護に万全を期すべく、リスク要因を 9 項目に限定するなどの事務連絡、いわゆるガイドラインを発出している。この事実は、一方でリスク細分型自動車保険が、わが国の自動車保険利用者にとって極めて馴染みの薄い商品であることから、リスク要因の極端な乱用が利用者を混乱させないようあらかじめ枠をはめておくべきと当局が判断したことを示したと考えられよう。さらに他方で、欧米諸国ではすでに販売されている商品だけに、国内業界大手ならびに認可を要望していた外資系損保との比較において、相対的に商品開発力が劣後すると判断せざるをえなかった中小損保の保護を狙ったものであったとも考えられよう。

事務連絡は、その後保険業法第5条を受けた保険業法施行規則第12条に引き継がれているので、以下関連部分を紹介しておく。

(保険料及び責任準備金の算出方法書の審査基準)
第12条
　4　自動車の運行に係る保険の引受けを行う場合においては、次に掲げるすべての要件を満たすものであること。
　　イ　保険料率の算出につき危険要因を用いる場合には、次に掲げるいずれかの危険要因により、又はそれらの危険要因の併用によること。
　　(1) 年齢
　　(2) 性別
　　(3) 運転歴
　　(4) 営業用、自家用その他自動車の使用目的
　　(5) 年間走行距離その他自動車の使用状況
　　(6) 地域
　　(7) 自動車の種別
　　(8) 自動車の安全装置の有無
　　(9) 自動車の所有台数
　　ロ　イに規定する危険要因による保険料率の格差が統計及び保険数理に基づき定められていること。
　　ハ　イに規定する年齢、性別及び地域に係る保険料率が、別表の上欄に掲げる区分に応じ、同表の下欄に掲げる要件を満たすものであること。〔以下略〕

別表（第12条第4号ハ関係）
　区分要件
　　年齢　　保険料率間の格差が3.0倍以下であること。
　　性別　　男子と女子の保険料率間の格差が1.5倍以下であること。
　　地域　　地域は、北海道、東北、関東・甲信越、北陸・東海、近畿・中国、四国及び九州の7地域以内とし、保険料率はそれぞれの地域ごと又は複数の地域を統括したものに対し算出するものであり、かつ、保険料率間の格差が1.5倍以下であること。

こうした自由化政策が次々と実現した結果、戦後半世紀にわたってわが国自動車保険市場を支えてきた算定会料率・SAPに代表される業界共通料率・商品内容の体系は、瞬く間に消滅することとなったのである。
　さらに、自動車保険と自賠責合計収入保険料が、全収入保険料の60%超を占める主力商品であったことから、その影響は、新商品の開発、新サービスの提供、新販売チャネルの登場といった販売面のみならず、大手・中堅各社入り乱れての企業合併を出現させるにまで及んだのである。こうした結果、わが国損保業界は、"十年一昔"の諺通り、わずか10年余の間に様変わりの様相を呈することとなった。
　自動車保険分野では戦後長期間にわたり、自動車保険料率算定会制度に基づき各社同一の料率・商品体系が維持されてきたわけだが、今回、実態的には対日要求を受け入れる形で、まさに"上からの"料率自由化が実施されたのである。したがって損保業界にとって、日米保険協議の決着は予期せぬできごとどころか、晴天の霹靂であったことは想像に難くない。銀行・証券業界がその導入を限りなく先送りした後、段階的に自由化を受け入れた第④分野の自由化を、後述するごとく短時間に完了し、同時に各社各様の対応をみせた事実は、大いに注目かつ評価すべきであり、わが国金融業界においても初めての動きであった。
　一般的に、金融自由化、なかでも第④分野の自由化が進展すると、金融機関経営に質的変化が起こるとされている。具体的には、店舗配置・販売チャネルの見直し、要員・経費の削減等コストダウンに注力する動きが表面化し、さらに利用者に受け入れられやすい新商品の開発に踏み切るのが通例であり、また、業務範囲の自由化とも相俟って異業種からの新規参入も活発化する。加えて経営内容の特化、金融機関同士の提携・合併を引き起こすことも、よく知られている。たとえば、80年代から90年代にかけての欧米金融機関の対応がこうしたケースに該当するとみてよく、自由化を契機とする損保業界の動向も、同様の動きと指摘できよう。

3　特色

(1) 監督行政主導プラス外圧による大枠の決定

　00 年に自由化を完了した損保業界でも、保険制度改革の一環として料率算定会の見直しが取り上げられていたこと、さらに当局・業界の予想を大きく上回る対日要求と日米保険協議の決着という外圧によって、そのスケジュール・内容等大枠が決定したことは否定し難く、生保業界同様、業界・マスコミ主導の事実を認めることはできない。今回の自由化が、当局あるいは業界各社が想定していたスケジュールを大幅に上回るスピードで、それも外圧——具体的に指摘すれば、アメリカからの強固な対日要求——を受け入れる形で実施されたことに注目したい。

　保険制度改革が検討された過程で、料率算定会の役割の変更が確実となり、同時に関係法令の改正もスケジュール化されたことから、当局・業界がその後を見据えた具体的作業、たとえば、中小会社に対する激変緩和措置のあり方の検討等を進めていたことは当然であり、96 年 10 月実施が決定していた生損保相互参入に備え、個別に各社がそれなりの準備をしていたことも当然であった。

　しかしながら、同年 12 月に日米保険協議が決着した結果、当局・業界の想定を大幅に上回る自由化内容・実施スケジュールを受け入れざるをえなくなった。外圧によるスケジュールを呑まされた結果、保険料率のみならずリスク細分型商品のダイレクト販売というニュービジネスモデルの導入をもあわせて受け入れざるをえなかったのである。

　結果として、同一料率・同一商品内容・同一代理店手数料に代表される業界の画一・協調体制があっという間に崩壊してしまったのである。同体制が、戦後の国内損保 20 社体制を支えてきた主要スキームであっただけに、その崩壊が業界を激震させたことは想像に難くない。また保険商品の販売は対面販売でという固定観念が、業界・利用者の双方に浸透していた

事実もあり、固定客の上に胡坐をかいていた代理店をあわてさせたことも否定できない。中堅以上の業界各社が自由化当初ニュービジネスへの参入を否定的に捉えたのも、戦後長きにわたり損保営業の第一線を支えてきてくれた代理店への配慮が優先した、あるいは代理店への対応戦略を決定できなかった、のいずれかであったことは容易に想像がつく。

(2) 第④分野の自由化

　自動車保険料の完全自由化が開始された00年3月末の自動車保険普及率をみると、全自動車ベースで、対人賠償保険が70.4%（うち自家用乗用車が77.0%）、同対物賠償保険が69.8%（同76.8%）となっている。[3]さらに01年3月末現在の1件あたり保険料がおよそ72,000円となっている。[4]こうした損保の普及状況からすれば、生保商品同様、自動車保険も資本主義経済の担い手である賃金労働者を対象とした小口・金融商品であることが理解できよう。まさに、損害保険料の自由化は、第④分野の自由化であり、生保業界とその過程を大きく異にしたがゆえに、欧米金融界と同様の結果、具体的には、企業合併・ニュービジネスの出現、新規参入の活発化等をもたらしたのである。

　したがって、わが国の金融業界のなかで、生保業界が利用者利益の拡大を目的とする第④分野の自由化に先鞭をつけ、損保業界がラストランナーを務めたということになる。長年にわたって、大蔵省銀行局保険部第一課が生保業界を、第二課が損保業界を管理監督していた事実——たとえば、保険部長という役職は銀行局内に一つしかなく、一課と二課の人事異動も頻繁に行われていた——とあわせ考えると、同じ第④分野の自由化を実施しながら、経緯・その後の対応が大きく異なったことは、わが国の金融自由化を振り返ってみても隣接業界には例をみない稀有なできごとだったのである。

(3) 実施目的

　日米保険協議の決着という外圧を受け入れた損害保険料の自由化が、結果として、文字通りの自由化に終始したことは、その後に起こった企業合併・ニュービジネスモデルの登場・新規参入者の出現等が証明している。
　欧米流の自由化が実施された典型的ケースが損害保険料の自由化であったのであり、当局・業界がどこまで意図したかは別として、利用者の選択肢を保険商品・加入チャネルの両面から拡大したのであり、本来の自由化目的が達成された第④分野の自由化であったと指摘したい。

(4) 比較情報の提供

　98年7月に開始された損害保険料の自由化では、保険業界で長年にわたってタブーとされてきた比較情報の提供に関する壁が、インターネットを活用した民間業者によってあっさり破られたことに注目したい。
　こうした比較情報の提供のあり方については、民間主導の動きであり当局・業界公認ではないとする批判もあろうが、新しいビジネスモデルであるリスク細分型自動車保険の通信販売の定着と不可分の動きといってよく、通販各社の販売シェア拡大状況からみて、利用者に一定の評価を得ていることは間違いない（次章で詳述）。

(5) 自己責任が問われる自由化（オープン・スタイル）

　損害保険料の自由化は、日米保険協議の決着というその発端から今日まで、その過程が白日の下に晒されたことから、当局の介入する余地が極めて少なかったことは否定できない。生命保険料の自由化と比較してみると、自由化過程への行政関与のあり方に大きな相違があったことが指摘できる。
　結果として、損害保険料の自由化が一貫してオープンな自由化として実

施され、その是非の判断も利用者に委ねられることとなった。こうした結果、企業合併による新5社体制の出現、新ビジネスモデルの定着、市場拡大等、他の業態にはみられない動き、換言すれば欧米型の動きが表面化したことは記憶に新しい。

また利用者にとっても、自己の生活状況を踏まえた保険選択が可能となると共に、対面販売に加えて、電話・インターネットを経由しての加入・夜間でもOK等いわゆるダイレクト販売が認可されるなど、商品内容・加入チャネルの両面から選択肢の拡大につながったのである。反面、商品選択・加入決定において自己責任が厳しく問われることになったことを、確認しておきたい。

すなわち、わが国金融自由化において、自己責任型の自由化が初めて実施されたケースが損害保険料の自由化であったといってよいのである。

4 損保経営・利用者への影響

(1) 各社個別の対応

そこで損害保険料自由化の影響を、自動車保険の自由化に焦点を絞り概観してみる。

自動車保険の販売現場では、任意加入の自動車保険と車検時の強制加入が義務づけられている自賠責を同一会社で加入する契約者も多く、自由化の結果自動車保険の乗り換えが多発すれば、同時に自賠責保険料も失うこととなりかねない。自由化開始当時、両保険合計で収入保険料の60％前後を占める主力商品であっただけに、自由化への対応を誤れば業績が大きく落ち込む可能性を秘めていた。

まず各社が独自に採用した自由化対応策についてみてみよう。[5]

(ⅰ) 契約者サービスの拡充
① 事故受付日・時間の拡大・延長
土・日曜、祝祭日の事故受付の開始、平日事故受付時間の延長。
(安田火災、同和火災、セゾン自動車、東京海上、明治損保等)
② コールセンター、サービスセンターの開設
24時間対応のコールセンター、全販売商品を対象とするサービスセンターの開設。
(千代田火災、興亜火災、東京海上、大東京火災、明治損保等)
③ 損害サービス業務の均質化、スピードアップ
指定修理工場制度、画像伝送システム等の導入、損害調査システムのバージョンアップ。
(第一ライフ、明治損保、ニッセイ損保、日新火災、同和火災等)
④ 保険料支払方法の多様化
コンビニエンスストアの利用、集団扱範囲の拡大、口座振替払に分割払を導入、自動車ローン一体型支払の開発、クレジットカードによる分割払方式の新設。
(A・ホーム、日本火災、住友海上、千代田火災、ソニー損保等)
⑤ 事故処理に新サービスを追加
ロードアシスタンスサービス、情報パッケージの配布等。
(チューリッヒ、W・スイス、共栄火災、富士火災、ソニー損保等)

(ⅱ) 新商品の開発
① 補償範囲の拡充
人身傷害補償を組み入れた総合補償タイプの開発。
(東京海上、安田火災、三井海上、住友海上、千代田火災等)
② 補償範囲の細分化
走行距離、運転免許証の種類等に基づきリスクを細分化。
(チューリッヒ、ロンドン、セゾン自動車、W・スイス等)
③ 販売対象を特定

業種、用途、運転手年齢、車種、利用者等販売対象を特定。
(安田火災、千代田火災、ジェイアイ、日新火災、AIU 等)

④ 他の損害保険商品とのセット販売

傷害保険、ゴルファー保険、第三者損害賠償責任保険等自動車利用に関連する他の損害保険商品をセット。
(安田火災、三井海上、興亜火災、AIU、ソニー損保等)

⑤ 特約の新設

臨時費用特約、車両新価特約、チャイルドシート特約、等級プロテクト特約、リサイクル部品使用特約、子供特約、介護補償特約等の新設。
(富士火災、住友海上、大東京火災、東京海上、日産火災、安田火災等)

⑥ 保険料割引範囲の拡大

無事故等級制度の拡大、セカンドカー割引、安全ボディー割引、横滑り防止装置割引、エコカー割引、長期契約割引、年齢別割引幅の拡大、車両異動時追加保険料の割引等。
(安田火災、三井海上、住友海上、日本火災、千代田火災等)

⑦ 払戻金、返戻金の新設

契約期間を2・3年とし、満期時に払戻金あるいは返戻金を支払い。
(住友海上、富士火災、東京海上、日本火災、興亜火災等)

⑧ 契約条件の多様化

免責条項の多様化、不担保範囲の拡大等。
(三井海上、日産火災、興和火災等)

⑨ その他

懸賞金をセット、ベルマーク運動に協賛等。
(大東京火災、日本火災、千代田火災、同和火災等)

(ⅲ) 非代理店チャネルの採用

① インターネットの活用

インターネットによる保険料見積業務、新契約業務の開始。
(チューリッヒ、ソニー損保、千代田火災、W・スイス等)
② 直接販売の開始
損害保険会社社員による直接販売の開始。
(セコム損保)

(2) 企業合併の活発化と新規参入の実現

しかしながら、各社対応の最たる動きは、後述する大手各社を中心とする企業合併の実現にあったとみてよい。

自動車保険市場が、自動車損害賠償責任保険を含め収入保険料の60％前後を占めていたこともあり、各社各様の販売・サービス体制が構築されているなど、経営資源が重点投入されており、各社とも経営上最重要市場と位置づけていた。さらに、保険業法の改正にともなう生損保相互参入の実現により、96年10月から生保系損保6社が新規参入することとなっていただけに、各社ともそれなりの体制固めを攻守ともに行っていたことは、事実であった。

一方総合部会の報告に料率算定会の役割変更が盛り込まれたとはいえ、その実施スケジュールまで検討されたわけではなかった。それだけに、96年12月の日米保険協議の決着を契機とした料率自由化が、各社の予想をはるかに上回るスピードとスケールで実施されたことは、当時のマスコミ報道等からみて容易に想像できる。

こうした結果、各社が意思決定した自由化対応の最たるものが、企業合併であったのである。すなわち、00年3月大東京火災と千代田火災による合併発表を嚆矢とする一連の動きである。以下、04年度末までの企業合併を確認しておく。なお、( ) 内に旧社名を記載した。

01年 4月　あいおい損保（大東京火災・千代田火災）
　　　　　日本興亜損保（日本火災・興亜火災・02年4月太陽火災）

		ニッセイ同和損保（同和火災・ニッセイ損保）
	10 月	三井住友海上（三井海上・住友海上・03 年 11 月三井ライフ損保）
02 年	7 月	損保ジャパン（安田火災・日産火災・02 年 4 月第一ライフ損保・02 年 12 月大成火災）
04 年	10 月	東京海上日動火災（東京海上火災・日動火災海上）

　こうした企業合併の潮流が、さらなる経営合理化を目的とした持株会社の設立・保険グループの誕生を実現させたのである。12 年度には、持株会社同士を統合させる動きが表面化するなど損保業界の再編劇もその終章を迎えつつあるが、自由化が開始された 98 年から 13 年余が経過した現在でも、再編の動きが収まらない事実に、自動車保険料の自由化が損保業界に与えた影響の大きさを再認識せざるをえない。

　一方、新規参入やニュービジネスモデル主体の新会社設立が活発化した。98 年 9 月には警備保障業界最大手のセコムが新規に参入（現セコム損保）、さらにリスク細分型自動車保険の通信販売を主力とする新しいタイプの損保会社が相次いで営業を開始（99 年 7 月アクサ、9 月ソニー、00 年 6 月三井ダイレクト、01 年 3 月安田ダイレクト・現そんぽ 24）するなど、異業種、外資等からの新規参入が相次いだ。

　なお、リスク細分型自動車保険の通信販売を主力とする会社は、上記 4 社に加え、自由化以前よりわが国に上陸していたアメリカン・ホーム、チューリッヒを加え計 6 社が早々に参入している。先行 6 社の業績好調をうけ、08 年にはアドリック損保・SBI 損保が、09 年にはイーデザイン損保が新規参入している。アドリック損保が独立系専業乗合代理店大手のアドバンスクリエイトとあいおい損保の共同設立、SBI 損保がソフトバンクグループとあいおい損保の共同設立、イーデザイン損保が NTT グループと東京海上グループとの共同設立と、いずれも異業種大手と大手損保との共同設立となっているなど、自由化以前の 20 社体制は様変わりの様相を呈している。

99年10月損保業界より1年早く株式売買手数料の自由化を完了した証券業界では、折から進行中のIT革命と連動する形でインターネット取引が登場、同時に異業種からの参入も含めインターネット取引専業証券が新規参入するなど、大きな影響を業界に与えたことは記憶に新しい。またデイトレーダーと呼ばれる個人投資家が市場に登場したのもこの頃からであった。

しかしこうした大きな変化が出来したにも関わらず、大手証券同士の大型合併が実現したかといえば、先に紹介した損保業界同様のドラスティックな動きは現れていない。銀行系証券会社の再編に加え、中堅・中小会社の吸収・合併はみられたものの山一証券亡き後、日興証券が粉飾決算から銀行グループ入りした以外、野村・大和の二大証券は依然として独自に証券グループを構成し存続している。

また、三大メガバンクの出現も、その動機が不良債権処理の失敗等後ろ向きの理由にあったことは明白であり、損保業界の統合・再編と同列に論じることには無理があろう。

それだけに、今回の損保業界の経営再編は、逆ザヤ問題を乗り越えられず経営破綻した生保会社が、次々と外資系の軍門に下った生保業界を含め、隣接業界にはみられない独自の企業行動であったことに、注目したい。

(3) 業績面への影響

業績の推移を検証する前に、作表の考え方について述べておく。

まず対象期間を95年度から05年度までの11年間とした。これは、新保険業法の施行、日米保険協議の決着等が出来した96年を自由化元年と位置づけ、旧制度下の最終年度である95年度から自由化直後の10年間を対象としたことによる。次に、対象会社として05年9月1日現在の日本損害保険協会加盟会社（再保険専門会社を除く）を取り上げた（表4-5を除く）。これは、料率自由化の経営への影響を浮き彫りにするためには、継続的な業績数値の把握が不可欠なためである。さらに、表中の会社

区分であるが、当時の損害保険協会長輪番会社であった5社を大手5社、内収入保険料1兆円以上の3社（東京海上日動・損保ジャパン・三井住友）を上位3社、同7000億円以上の2社（あいおい、日本興亜）を他2社、同1000億円以上の4社（ニッセイ同和・富士・共栄・日新）を中堅4社、以上を除く11社（朝日・セコム・大同・セゾン・ジェイアイ・日立C・スミセイ・明治安田・ソニー・三井D・そんぽ24）をその他各社と区分した。したがって、95-05年度においても、合併各社の業績数値を上記区分にしたがって単純に合算し、それぞれの業績数値とした。なお、その他各社については、各年度の協会加盟会社を対象としたため、会社数は一定ではないが、傾向値の把握に問題はないと判断した。

（i）全社業績の推移

まず、損保業界の動向を把握するべく、収入保険料の推移、損害率・事業費率・営業収支残率の推移を確認しておく（表4-1・2）。

表4-1からは、01年度を底とし、その後の景気回復傾向を反映し、損保市場も緩慢な動きながら回復傾向にあることがわかる。そうしたなかで、以下3点が注目される。

① 上位3社のシェアが95年度末60.70％から05年同62.94％へと2.24ポイント上昇していること。

② 90年代後半から本格化した自動車保険の通販専門3社が含まれているその他各社も、後述の通り通販会社の販売好調が加味され、シェアを微増させていること。

③ 逆に、他2社・中堅4社のいずれもが、シェアを減少させていること。

表4-2では、始めに95年度における営業収支残率の高さを指摘したい。戦後の損保業界の特質として各方面から指摘されている算定会料率の使用義務が、いかに潤沢な利益——いわゆる超過利潤——を業界各社にもたらしたかを、図らずも証明する結果となっている。

次に、営業収支残率の低下傾向が指摘できる。損保業界の宿命として、

第 4 章　損害保険料の自由化

表 4-1　収入保険料の推移

(単位：億円，%)

		95年度	96	97	98	99	00	01	02	03	04	05
大手5社		56,960 (83.62)	58,866 (83.27)	58,712 (83.17)	56,238 (83.17)	55,948 (83.04)	56,406 (83.42)	55,740 (83.67)	59,870 (83.88)	61,119 (84.01)	61,003 (84.13)	61,391 (84.07)
	上位3社	41,348 (60.70)	42,802 (60.54)	42,820 (60.66)	41,163 (60.87)	40,941 (60.76)	41,600 (61.53)	41,206 (61.86)	44,290 (62.06)	45,468 (62.50)	45,496 (62.75)	45,965 (62.94)
	他2社	15,613 (22.92)	16,064 (22.72)	15,892 (22.51)	15,075 (22.29)	15,007 (22.27)	14,806 (21.90)	14,534 (21.82)	15,581 (21.83)	15,652 (21.51)	15,507 (21.39)	15,426 (21.12)
中堅4社		9,466 (13.90)	9,659 (13.66)	9,684 (13.72)	9,225 (13.64)	9,127 (13.55)	9,080 (13.43)	8,962 (13.45)	9,362 (13.12)	9,471 (13.02)	9,330 (12.87)	9,337 (12.79)
その他各社		1,693 (2.49)	2,170 (3.07)	2,197 (3.11)	2,158 (3.19)	2,303 (3.42)	2,127 (3.15)	1,914 (2.87)	2,139 (3.00)	2,164 (2.97)	2,176 (3.00)	2,298 (3.15)
合計		68,119 (100.0)	70,696 (100.0)	70,592 (100.0)	67,620 (100.0)	67,378 (100.0)	67,613 (100.0)	66,616 (100.0)	71,372 (100.0)	72,754 (100.0)	72,509 (100.0)	73,027 (100.0)

(注1)　上段：保険料（正味ベース），下段：構成比。
(注2)　「インシュアランス統計号」各年版より作成。

表4-2 損害率・事業費率・営業収支残率の推移

(単位：%)

	95年度	96	97	98	99	00	01	02	03	04	05
大手5社	48.76 40.70 10.54	48.86 42.51 8.63	49.54 42.64 7.82	53.15 43.19 3.66	55.05 42.67 2.28	55.27 41.58 3.15	54.76 41.35 3.89	50.55 38.43 11.02	51.10 36.92 11.98	59.79 36.17 4.04	56.86 35.70 7.44
上位3社	48.53 40.28 11.19	48.63 42.02 9.35	49.37 42.20 8.43	53.01 42.85 4.14	55.02 42.44 2.54	54.28 41.31 4.41	53.39 40.67 5.94	49.64 37.88 12.48	50.52 36.22 13.26	59.78 35.39 4.83	56.43 34.64 8.93
他2社	49.37 41.82 8.81	49.46 43.80 6.74	49.99 43.81 6.20	53.53 44.13 2.34	55.15 43.29 1.56	58.07 42.34 ▲0.41	58.66 43.26 ▲1.92	53.13 40.00 6.87	52.79 38.97 8.24	59.83 38.43 1.74	58.16 38.84 3.00
中堅4社	47.54 44.39 8.07	47.76 47.26 4.98	48.15 47.15 4.70	52.14 47.10 0.76	53.14 45.51 1.35	54.57 44.27 1.16	54.01 43.32 2.67	50.09 41.36 8.55	50.15 40.20 9.65	58.55 39.64 1.81	54.67 39.26 6.07
その他各社	39.10 52.81 8.09	38.99 58.43 2.58	43.06 61.86 ▲4.92	45.64 57.83 ▲3.47	45.07 57.40 ▲2.47	50.59 64.41 ▲15.00	43.42 54.86 1.72	42.96 50.02 7.02	44.45 47.18 8.37	49.91 47.79 2.30	45.91 45.39 8.70
合計	48.35 41.52 10.13	48.41 43.65 7.94	49.15 43.85 7.00	52.77 44.19 3.04	54.45 43.56 1.99	55.03 42.66 2.31	54.34 42.00 3.66	50.26 39.16 10.58	50.78 37.66 11.56	59.33 36.96 3.71	56.24 36.46 7.30

(注1)　上段：損害率、中段：事業費率、下段：営業収支残率（▲は、マイナス）。
(注2)　表4-1に同じ

第4章　損害保険料の自由化

営業収支残率が自然災害の発生に大きな影響を受けることは、よく知られたことである。たとえば期間中 98・99・00・04 各年度において、自然災害の発生による保険金支払額が 1000 億円以上となっている[6]。こうした不確定要素を加味したとしても、営業収支残率が低下傾向にあることは、否定できない。さらに詳しくみてみると、損害率の恒常的な上昇が指摘でき、それを事業費率の低下で補いきれずに収益低下を招来していることがわかる。

(ii) 自動車保険の動向

次に、自動車保険の動向をみてみよう（表4-3・4）。

表4-3 からは、国内自動車販売の厳しさを反映し、収入保険料が 00 年度以降、微減で推移となっていることがわかる。しかしながら保険料シェアの推移をみると、ここでも上位3社およびその他各社がシェアを伸ばしていることが注目される。特にその他各社の上昇は、他表も含めて判断すれば、リスク細分型自動車保険の通信販売が利用者に一定の評価を得ていることの現れとみてよいであろう。

一方、表4-4 からは、以下4点を指摘しておく。

① 収入保険料に占める自動車保険料の割合が低下傾向を続けていること(95 年度末 51.48％から 05 年同 47.78％へと 3.70 ポイント減少)。

② そうしたなかで、他2社・中堅4社とは対照的に上位3社の減少幅が 4.60 ポイントと平均を1ポイント近く上回っており、逆にその他各社が、17 ポイントの大幅上昇を示していること。

③ 営業収支残率が大きく落ち込んでいること（95 年度 9.80％が 05 年度 3.99％と 5.81 ポイント減少）。

④ 特にその他各社がほぼ横這いで推移しているのに対し、上位3社が 6.99％減少と平均以上に低下していること。

総じて、第④分野の自由化が教科書通りの結果をもたらしていることが確認できるわけだが、逆説的な見方に立てば、算定会制度がいかに上位会社に有利に機能していたかを示しているともいえよう。いずれにしても、

表4-3 自動車保険料の推移-1

(単位:億円、%)

	95年度	96	97	98	99	00	01	02	03	04	05
大手5社	29,382 (83.78)	30,162 (83.38)	30,349 (83.14)	29,373 (83.07)	29,629 (83.00)	30,232 (83.21)	30,091 (83.24)	29,818 (82.95)	29,312 (82.95)	28,998 (83.16)	28,998 (83.11)
上位3社	20,770 (59.23)	21,343 (59.00)	21,569 (59.09)	20,983 (59.34)	21,182 (59.33)	21,760 (59.89)	21,674 (59.96)	21,412 (59.56)	21,158 (59.87)	20,953 (60.09)	20,974 (60.11)
他2社	8,612 (24.56)	8,819 (24.38)	8,780 (24.05)	8,390 (23.73)	8,447 (23.66)	8,472 (23.32)	8,417 (23.28)	8,406 (23.38)	8,154 (23.07)	8,045 (23.07)	8,025 (23.00)
中堅4社	5,077 (14.48)	5,186 (14.34)	5,234 (14.34)	5,058 (14.30)	5,043 (14.13)	5,052 (13.90)	5,013 (13.87)	4,919 (13.68)	4,803 (13.59)	4,710 (13.51)	4,673 (13.39)
その他各社	611 (1.74)	828 (2.29)	919 (2.52)	928 (2.62)	1,027 (2.88)	1,051 (2.89)	1,044 (2.89)	1,212 (3.37)	1,224 (3.46)	1,161 (3.33)	1,220 (3.50)
合計	35,069 (100.0)	36,176 (100.0)	36,502 (100.0)	35,359 (100.0)	35,699 (100.0)	36,334 (100.0)	36,148 (100.0)	35,949 (100.0)	35,339 (100.0)	34,869 (100.0)	34,890 (100.0)

(注1・2) 表4-1に同じ。

表4-4 自動車保険の動向

(単位:%)

	95年度	96	97	98	99	00	01	02	03	04	05
大手5社	51.58 11.54	51.24 8.87	51.69 8.16	52.23 6.33	52.96 4.75	53.60 3.17	53.98 5.64	49.80 5.69	47.96 5.87	47.54 4.16	47.23 4.32
上位3社	50.23 11.35	49.86 9.50	50.37 8.73	50.98 6.82	51.74 5.38	52.31 4.19	52.60 6.39	48.34 5.61	46.53 5.68	46.05 3.57	45.63 4.36
他2社	55.16 8.59	54.90 7.37	55.25 6.77	55.66 5.11	56.29 3.16	57.22 0.57	57.91 3.73	53.95 5.88	52.10 6.39	51.88 5.73	52.02 4.21
中堅4社	53.63 6.48	53.69 4.53	54.05 3.11	54.83 0.67	55.25 0.82	55.64 ▲0.67	55.94 1.50	52.54 2.92	50.71 2.48	50.48 1.32	50.05 2.48
その他各社	36.09 1.80	38.16 ▲5.19	41.83 ▲8.16	43.00 ▲7.43	44.59 ▲9.73	49.41 ▲19.60	54.55 ▲8.33	56.66 ▲0.25	56.56 2.86	53.35 ▲3.36	53.09 1.89
合計	51.48 9.80	51.17 7.94	51.71 7.02	52.29 5.16	52.98 3.78	53.74 1.97	54.26 4.67	50.37 5.11	48.57 5.31	48.09 3.53	47.78 3.99

(注1) 上段:収入保険料に占める自動車保険料の割合、下段:営業収支残率(▲は、マイナス)。
(注2) 表4-1に同じ。

自由化後10年間で自動車保険が、その他各社を除き、収入保険料シェア減少、収益率悪化という負の循環にあることは否定できず、その後の各社対応が注目された所以である。

自動車保険の推移については、さらに表4-5・6(いずれも、元受ベース)にも注目したい。

表4-5は、損害保険協会非加盟の外資系損保、共済も含めた全自動車保険料の推移である。同表からは、以下を傾向として読み取れる。

① 表4-3と異なり、微増で推移していること。
② そのなかで、上位3社の健闘と他2社・中堅4社の苦戦が続いていること。
③ 反面、通販グループ6社の躍進が顕著であること。
④ 以前から保険料の低廉さをセールスポイントにしていた共済が、微増で推移していること。

表4-6からは、合計の販売件数が微増となっているなかで、他表と同様に上位3社の健闘、国内通販3社の躍進、他2社・中堅4社の苦戦を指摘できる。さらに、自動車保険1件当り保険料が、通販3社の影響をうける形で低下傾向を続けており、件数増を単価減少が打ち消す構造がみてとれる。

表4-5 自動車保険料の推移-2

(単位:億円、%)

	95年度	96	97	98	99	00	01	02	03	04	05
大手5社	29,609 (72.91)	30,410 (72.47)	30,622 (72.00)	29,611 (71.60)	29,782 (71.25)	30,361 (71.45)	30,184 (71.10)	29,837 (70.63)	29,380 (70.34)	29,071 (70.42)	29,041 (70.40)
上位3社	21,017 (51.75)	21,599 (51.47)	21,827 (51.32)	21,196 (51.25)	21,376 (51.14)	21,949 (51.65)	21,847 (51.46)	21,572 (51.06)	21,314 (51.03)	21,069 (51.04)	21,057 (51.05)
他2社	8,592 (21.16)	8,811 (21.00)	8,795 (20.68)	8,415 (20.35)	8,406 (20.11)	8,412 (19.80)	8,338 (19.64)	8,265 (19.56)	8,066 (19.30)	8,002 (19.38)	7,984 (19.36)
中堅4社	5,142 (12.66)	5,250 (12.51)	5,294 (12.45)	5,109 (12.35)	5,087 (12.17)	5,096 (11.99)	5,042 (11.88)	4,940 (11.69)	4,818 (11.53)	4,713 (11.42)	4,677 (11.34)
その他各社	607 (1.49)	831 (1.98)	973 (2.29)	1,000 (2.42)	1,080 (2.58)	1,023 (2.41)	789 (1.86)	796 (1.88)	760 (1.82)	605 (1.47)	576 (1.40)
在日外国損保	707 (1.74)	731 (1.74)	744 (1.75)	732 (1.77)	762 (1.82)	750 (1.76)	895 (2.11)	863 (2.04)	827 (1.98)	812 (1.97)	805 (1.95)
通販グループ6社	2 (0.01)	3 (0.01)	18 (0.04)	113 (0.27)	242 (0.58)	393 (0.92)	646 (1.52)	852 (2.03)	1,045 (2.50)	1,191 (2.89)	1,332 (3.23)
国内3社					13 (0.03)	75 (0.18)	211 (0.50)	353 (0.84)	473 (1.13)	565 (1.37)	650 (1.58)
共済12団体	4,546 (11.19)	4,736 (11.29)	4,879 (11.47)	4,792 (11.59)	4,848 (11.60)	4,871 (11.46)	4,894 (11.53)	4,960 (11.74)	4,940 (11.83)	4,889 (11.84)	4,818 (11.68)
合計	40,613 (100.0)	41,962 (100.0)	42,529 (100.0)	41,358 (100.0)	41,801 (100.0)	42,493 (100.0)	42,451 (100.0)	42,247 (100.0)	41,770 (100.0)	41,281 (100.0)	41,249 (100.0)

(注1) 上段:保険料 (元受ベース)、下段:構成比。
(注2) 「インシュアランス統計号」「共済年鑑」各年版より作成。

第 4 章　損害保険料の自由化

表 4-6　自動車保険件数・1 件当り保険料の推移

（単位：千件・円）

		95年度	96	97	98	99	00	01	02	03	04	05
大手 5 社		38,007 77,904	39,136 77,703	39,899 76,749	39,788 74,422	40,336 73,835	40,760 74,487	40,474 74,576	41,338 72,178	41,112 71,463	41,042 70,832	40,812 71,158
	上位 3 社	26,662 78,828	27,448 78,691	28,040 77,842	28,251 75,027	28,702 74,476	29,217 75,124	29,472 74,128	30,326 71,134	30,164 70,660	30,007 70,214	29,871 70,493
	他 2 社	11,345 75,734	11,687 75,391	11,859 74,163	11,537 72,939	11,634 72,254	11,544 72,869	11,002 75,786	11,011 75,061	10,948 73,676	11,035 72,515	10,941 72,973
中堅 4 社		7,763 66,237	7,960 65,955	8,159 64,885	8,215 62,191	8,184 62,158	8,151 62,520	8,091 62,316	8,190 60,317	8,013 60,127	7,767 60,680	7,716 60,614
その他各社		955 84,293	1,266 65,640	1,539 63,223	1,650 60,606	1,762 61,294	1,675 61,075	1,558 50,642	1,586 50,189	1,497 50,768	1,143 52,931	1,198 48,080
国内通販 3 社						34 38,235	179 41,899	457 46,171	775 45,548	900 52,556	1,130 50,000	1,335 48,689
合計		46,726 75,671	48,362 75,454	49,597 74,375	49,653 71,941	50,317 71,473	50,765 72,004	50,580 71,621	51,889 69,232	51,522 68,769	51,082 68,425	51,060 68,437

（注 1）　上段：件数（元受ベース），下段：保険料（回）。
（注 2）　表 4-1 に同じ。

111

(ⅲ) 企業合併の効果検証

　最後に、企業合併の効果について検証してみよう（表4-7・8・9）。

　まず従業員数・営業店舗数・代理店数の推移であるが、全社で従業員数が4分の1強減、営業店舗数が半減、代理店数がおよそ半減となっている。企業合併にともなう店舗集約・乗合代理店の減少等が表面化したわけだが、同時に、質的レベルの維持・向上に直結する従業員数が、着実に減少していることに注目したい。いずれにしても、先述した収入保険料増加率（7%前後）、自動車保険件数増加率（9%強）等と比較してみると、各社が大変な経営合理化に踏み切ったことがわかる。

　これだけの合理化を実施したにもかかわらず、営業収支残率が2-5ポイント程度低下したわけであり、一連の企業合併が各社の生き残りを賭けた攻めの合併であったと理解できる。自由化以前の20社体制維持にこだわっていれば、生保業界同様半数近くの企業が外資系に買収されたであろうことが容易に想像できるだけに、合併を選択した経営者の判断は、評価に価しよう。

　視点を変えるならば、算定会料率の使用義務がいかに大きな恩恵を業界各社にもたらしていたかを物語っているわけであり、第④分野の自由化が経営統合・新規参入をもたらした海外事例と同様のケースが、わが国においても指摘できるのである。

　表4-7を詳しくみてみると、以下の諸点を指摘できる。

　① 従業員数では、他2社・その他各社が業界平均削減率を上回り、上位3社が下回っていること。
　② 営業店舗数では、上位3社が合併前の店舗網の重複を整理するなど50%を大きく上回る削減となっているのに対し、他グループは、36%-48%減に止まっていること。
　③ 代理店数では、いち早く不振代理店の整理に着手した大手5社が50%近くの減少となっているのに対し、中堅4社が3分の1減と平均を大幅に下回っていること。

大手5社が、合併前に各社が保有していた経営資源の重複部分を整理・

第4章　損害保険料の自由化

表4-7　合併効果の検証：1従業員・営業拠点・代理店数の推移

(単位：人、ヶ所、百店)

	従業員数 95年度	従業員数 03	従業員数 04	従業員数 05	営業拠点数 95	営業拠点数 03	営業拠点数 04	営業拠点数 05	代理店数 95	代理店数 03	代理店数 04	代理店数 05
大手5社	86,445	66,501 (23.07)	63,935 (26.04)	63,517 (26.52)	3,755	1,993 (46.92)	1,745 (53.53)	1,727 (54.01)	5,130	3,150 (38.60)	2,874 (43.97)	2,650 (48.34)
上位3社	60,175	48,754 (18.98)	46,498 (22.73)	45,902 (23.72)	2,585	1,359 (47.43)	1,133 (56.17)	1,121 (56.63)	3,534	2,201 (37.71)	2,027 (42.64)	1,830 (48.23)
他2社	26,270	17,747 (32.44)	17,437 (33.62)	17,615 (32.95)	1,170	634 (45.81)	612 (47.69)	606 (48.21)	1,596	948 (40.56)	847 (46.92)	820 (48.58)
中堅4社	22,343	17,040 (23.73)	16,757 (25.00)	16,346 (26.84)	1,006	537 (46.62)	677 (32.70)	616 (38.77)	1,075	722 (32.87)	710 (33.95)	715 (33.51)
その他各社	5,568	3,891 (30.12)	3,908 (29.81)	3,922 (29.56)	212	176 (16.98)	144 (32.08)	136 (35.85)	475	171 (64.06)	162 (65.93)	170 (64.15)
合計	114,356	87,432 (23.54)	84,600 (26.02)	83,785 (26.73)	4,973	2,706 (45.59)	2,566 (48.40)	2,479 (50.15)	6,680	4,042 (39.49)	3,746 (43.92)	3,535 (47.08)

(注1)　( )内は、削減率。
(注2)　表4-1に同じ。

113

統合する方向で経営合理化を追求したのに対し、中堅4社以下では、経営体制の抜本的見直しに踏み切らざるをえなかったことが窺える結果となっている。もっとも、旧同和火災が生保首位の日本生命グループに加入、富士火災がAIGと業務提携、旧東洋火災が警備業界大手のセコムグループに加入するなどの動きも表面化しており、各社各様の動きを踏まえて合理化効果を検証する必要があることも事実である。

表4-8・9からは、収入保険料・自動車保険料・件数の増加率を大幅に上回る効率向上となっていることがみてとれる。このことは、表4-7で確認した経営資源の整理・統合のスピードが業績数値の増加スピードを大きく上回ったことを意味しており、こうした各社の経営努力が、営業面にとどまらず損害サービス体制の維持、特に質的な面に影響を与えたとしたならば、結果として保険金不払い問題を誘発してしまったと指摘されても、反論が難しい検証結果となっている。

上記3表から、まず上位3社の動向に注目してみると、
① 相対的に従業員数の減少幅が小さく、従業員一人当りの数値でも、各項目で平均を下回る増加水準にとどまっていること、
② 一方、代理店一店当りでは、業界平均を0.1ポイント前後上回る増加倍率となっていること、

等を指摘できる。

国内通販3社の数値的影響が大きいその他各社では、ほとんどの項目で他のグループを上回る効率向上をなし遂げており、リスク細分型自動車保険の通信販売という新しいビジネスモデルが損保経営に与えた影響の大きさを物語っているといえよう。

また他2社では、ほぼ全項目において業界平均水準に近い動きを確認できるものの、現段階では、上位3社と数値面で相当程度の格差の存在を指摘せざるをえず、さらに中堅4社でも、業界平均を下回る項目が多い。

総体的にみて、自動車保険料の自由化をきっかけとする企業合併を中心とする各社の経営努力は、企業規模の大きな企業に有利に作用し、中堅・下位の企業にさらなる経営努力を求めるといった、極めて常識的な結果と

第4章 損害保険料の自由化

表4-8 合併効果の検証 2 従業員一人当り収入保険料・自動車保険料・自動車保険件数　　（単位：万円，件）

		収入保険料				自動車保険料				自動車保険件数			
	95年度	03	04	05	95	03	04	05	95	03	04	05
大手5社	6,589	9,191 (39.49)	9,541 (44.80)	9,665 (46.68)	3,399	4,408 (29.69)	4,536 (33.45)	4,565 (34.30)	440	618 (40.45)	642 (45.91)	643 (46.14)
上位3社	6,871	9,326 (35.73)	9,785 (42.41)	10,014 (45.74)	3,452	4,340 (25.72)	4,506 (30.53)	4,569 (32.36)	443	619 (39.73)	645 (45.60)	651 (46.95)
他2社	5,943	8,820 (48.41)	8,893 (49.64)	8,757 (47.35)	3,278	4,595 (40.18)	4,614 (40.76)	4,556 (38.99)	432	617 (42.82)	633 (46.53)	621 (43.75)
中堅4社	4,237	5,558 (31.18)	5,568 (31.41)	5,712 (34.81)	2,272	2,819 (24.08)	2,811 (23.72)	2,859 (25.84)	347	470 (35.45)	464 (33.72)	472 (36.02)
その他各社	3,041	5,562 (82.90)	5,568 (83.10)	5,859 (92.67)	1,097	3,146 (186.8)	2,971 (170.8)	3,111 (183.6)	172	616 (258.1)	582 (238.4)	646 (275.6)
合計	5,957	8,321 (39.68)	8,571 (43.88)	8,716 (46.32)	3,067	4,042 (31.79)	4,122 (34.40)	4,164 (35.77)	409	589 (44.01)	604 (47.68)	609 (48.90)

（注1）（ ）内は，増加率。
（注2）表4-1に同じ。

表4-9 合併効果の検証 3 代理店一店当り収入保険料・自動車保険料・自動車保険件数　　（単位：万円，件）

		収入保険料				自動車保険料				自動車保険件数			
	95年度	03	04	05	95	03	04	05	95	03	04	05
大手5社	1,110	1,940 (1.75)	2,122 (1.91)	2,317 (2.09)	573	931 (1.62)	1,009 (1.76)	1,094 (1.91)	74	131 (1.77)	143 (1.93)	154 (2.08)
上位3社	1,170	2,065 (1.77)	2,244 (1.92)	2,512 (2.15)	588	961 (1.63)	1,034 (1.76)	1,146 (1.95)	75	137 (1.83)	148 (1.97)	163 (2.17)
他2社	978	1,650 (1.69)	1,831 (1.87)	1,880 (1.92)	540	860 (1.59)	950 (1.76)	978 (1.81)	71	115 (1.62)	130 (1.83)	133 (1.87)
中堅4社	881	1,312 (1.49)	1,314 (1.49)	1,306 (1.48)	472	666 (1.41)	663 (1.40)	654 (1.39)	72	111 (1.54)	109 (1.51)	108 (1.50)
その他各社	356	1,267 (3.56)	1,344 (3.78)	1,349 (3.79)	129	716 (5.55)	717 (5.56)	716 (5.55)	20	140 (7.00)	140 (7.00)	149 (7.45)
合計	1,020	1,800 (1.76)	1,936 (1.90)	2,066 (2.03)	525	874 (1.66)	931 (1.77)	987 (1.88)	70	127 (1.81)	136 (1.94)	144 (2.06)

（注1）（ ）内は，増加倍率。
（注2）表4-1に同じ。

なっている。

(4) 利用者への影響

　料率自由化の進展を決定づけたのが、リスク細分型自動車保険の登場であり、ダイレクト販売の定着であったことは、否定できない。
　算定会料率とSAPに代表される自由化以前の自動車保険——どの会社と契約しても同一料率・商品内容であったため、営業網・損害サービス体制のあり方が唯一の差別化要因であった——と比較し、9項目のリスク要因を組み合わせたリスク細分型自動車保険の登場は、その保険料額の低廉さとも相俟って、利用者の目に新鮮な印象を与えたことは、容易に想像できる。こうした新商品を、代理店を介することなく電話・インターネット・郵送等ダイレクトに購入できる、という新しいビジネスモデルが、利用者に一定の評価を得ていることは、データ的にも明らかである。
　さらに、わが国自動車市場の飽和状態化が各方面から指摘されるなかで、自動車保険件数が増加したことも、注目すべきポイントであり、料率自由化を契機とする業界各社各様の営業努力が自動車保険市場を拡大することにつながった、とみてよい。
　「ファクトブック」（各年版）から自動車保険加入率（年度末現在）の推移を確認してみると、対人賠償保険が95年68.8％から04年71.0％へ、対物賠償が同68.1％から同70.8％へ、車両保険が同29.8％から36.3％へと、搭乗者傷害保険を除きいずれも加入率を増加させていることがわかる。
　こうした結果からみて、第④分野の自由化により登場した新ビジネスモデルの定着が、利用者の選択肢ならびに自動車保険市場の拡大をもたらしたと指摘できるのである。
　加えて、インターネットあるいは独立系専業乗合代理店が展開する来店型ショップでの比較情報の提供を踏まえ、利用者が複数社の商品を比較・検討・選択するプロセスを実感する、さらには対面販売での勧奨商品の購入から、自らの好きな時間帯に自分の意思で契約する、等の新しい加入ス

タイルが生み出されたことも事実であり、損害保険料の自由化は、商品・販売チャネルの両面から利用者の保険選択に大きな影響を与えたのである。

[注]
(1) 詳しくは、『損害保険料率算定会35年史』損害保険料率算定会、昭和60年3月、参照。
(2) 詳しくは、『自動車保険料率算定会15年史』自動車保険料率算定会、昭和56年9月、参照。
(3) 『日本の損害保険ファクトブック2001』日本損害保険協会、2001年10月、33頁。
(4) 『インシュアランス・損害保険統計号　平成13年版』保険研究所、2001年12月。
(5) 本書で紹介した損害保険各社(社名は当時)の対応は、98-00年に発行された『インシュアランス（損保版）』各号に基づき紹介した。各項目について98年3月末時点ですでに対応済みの会社については、筆者の判断で省略してある。
(6) 『日本の損害保険ファクトブック2006』日本損害保険協会、2006年9月、29頁。

第5章

金融自由化とわが国固有の金融風土

1　はじめに

　本章では、第1章で問題提起したわが国固有の金融風土について考えてみたい。

　金融風土を分析するにあたっては、その構成要素のなかで何に重点を置き分析するかによって、以下二つの立場があると考えられる。

　第一は、金融行政・金融業界のあり方に重点を置く立場である[1]。

　第二は、戦後復興から高度成長の終焉までの間における金融機関利用者の意識・価値観・行動に重点を置く立場である。

　本書では、以下の理由から後者のアプローチを採用した。

　①　本書の主題が「第④分野の自由化」であることに鑑み、第④分野の自由化によって最大のメリットを享受できる金融機関利用者一人ひとりの金融全般に関する「思い」が、金融風土を構成する最大の要素である。

　②　わが国のごとく、高度に発達した資本主義国家では、経済活動の担い手イコール金融機関利用者となる。したがって彼等がメリットを享受できない金融自由化が実施された場合には、そこに現代社会における重要性を認識するには無理がある。彼等が自由化の事実・実態を受け入れ、自己の生活向上に結びつけられるか否かが、自由化定着のキーポイントとなる。

③　同時に彼等は主権者として、時々の行政施策に対し"Yes or No"を意思表示する権利と義務を有しており、80年代までの金融行政・金融業界のあり方も、一部に批判があったとはいえ、主権者たる利用者の暗黙の了解事項であったと考えられる。

本書が後者の立場にあるとはいえ、金融行政・金融業界と金融機関利用者との関係が表裏一体であることも否定できず、また両者の関係を「ニワトリと卵」とみることもできよう。したがって保険料自由化の経緯で紹介した行政・業界の行動も金融風土を構成する重要要素であったことを否定するものではないことを付記しておく。

2　わが国固有の金融風土について

(1)　金融風土とは

我々にとって風土といえば、誰もが和辻哲郎を思い浮かべよう。彼はその著『風土——人間学的考察』で、以下のごとく述べている[2]。

「ここに風土と呼ぶのはある土地の気候、気象、地質、地味、地形、景観などの総称である。それは古くは水土とも言われている。人間の環境としての自然を地水火風として把握した古代の自然観がこれらの概念の背後にひそんでいるのであろう。しかしそれを『自然』として問題とせず『風土』として考察しようとすることには相当の理由がある。それを明らかにするために我々はまず風土の現象を明らかにしておかなくてはならぬ。」

続けて「寒さを感じる」を例にとり、「風土が人間の自己了解の仕方である」と説明、さらに「我々はさらに風土の現象を文芸、美術、宗教、風習等あらゆる人間生活の表現のうちに見いだすことができる。風土が人間の自己了解の仕方である限りそれは当然のことであろう。〔中略〕人間の、すなわち個人的・社会的たる二重性格を持つ人間の、自己了解の運動は、同時に歴史的である。従って歴史と離れた風土もなければ風土と離れた歴

史もない。〔中略〕ここに人間と呼ばれるのは単に『人』ではない。それは『人』でもあるが、しかし同時に人々の結合あるいは共同態としての社会でもある。」としている。

　戦後復興を側面援助した金融行政のあり方、すなわち実体的監督主義の徹底が、国民各層、転じて現代では金融機関利用者となるわけだが、彼らの価値基準・判断基準に与えた影響の大きさを振り返ってみれば、そこに金融風土と呼んでも何ら違和感を感じさせない日本的金融慣行――日本的特殊性が存在することは否定できない。

　加えて、後発資本主義国として、先進資本主義国に追いつき追い越せと明治維新以来遮二無二近代化の過程を歩んできた歴史的経緯をあわせて考えれば、こうした日本的金融風土が長らく存在していたことを否定することは困難である。

　すなわち明治維新以降連綿と続けられてきた実体的監督主義のもと、社会全体もしくは金融機関利用者一人ひとりの間に長らく存在していた、
　① 金融や経済は、どうも難しくてよく理解できない、
　② 商品内容が同一なのだから、人間関係重視で金融機関を選択しても何の問題も生じない、
　③ 大蔵省が毎年決算承認しているはずだから、金融機関が倒産するわけがない、
といった考え方あるいは思い込み――和辻の指摘になぞらえれば、自己了解となろう――が、わが国固有の金融風土を構成していたことは、間違いない。

　まさにわが国固有の金融風土とは、先述した国際比較によって浮き彫りにされた日本的特殊性、具体的には、金融経済教育の不徹底・比較情報の欠落・自己責任意識の欠如といった諸現象が複雑に絡み合って構成されていたのである。

(2) 90年代までの金融風土

(ⅰ) 金融経済教育の実施状況

それでは、わが国が名実ともに金融自由化に大きく舵を切った90年代までの金融風土はいかなるものであったのだろうか。

まず金融経済教育の実施状況についてみてみよう。

金融庁が04年12月に策定・公表した金融改革プログラムをうけ05年3月より開始された金融経済教育懇談会が同6月に公表した「金融経済教育に関する論点整理」に記載されている金融経済教育のイメージについて紹介する。

「ここで言う『金融経済教育』とは、国民一人ひとりに、金融やその背景となる経済についての基礎知識と、日々の生活の中でこうした基礎知識に立脚しつつ自立した個人として判断し意思決定する能力、すなわち金融経済リテラシーを身につけてもらい、また、必要に応じその知識を充実する機会を提供することをイメージしている。」

なおリテラシーとは、読み書きのように最低持っているべき基礎的素養・知識を意味する単語であったが、近年では、特定分野での基礎的能力があることを意味する用語として使用されている。

次に金融広報中央委員会が07年に公表した「金融教育プログラム―社会の中で生きる力を育む授業とは―」から金融教育に関する定義を紹介する。

「金融教育は、お金や金融の様々なはたらきを理解し、それを通じて自分の暮らしや社会について深く考え、自分の生き方や価値観を磨きながら、より豊かな生活やよりよい社会づくりに向けて、主体的に行動できる態度を養う教育である。」

さらに具体的内容として以下を例示している[3]。

・物やお金を大切にすることを通じて、正しい金銭感覚を養うこと
・経済・金融の仕組みや機能を理解すること
・家計の収支内容を把握し、健全な家計管理と将来の生活設計力を身

第5章　金融自由化とわが国固有の金融風土

につけること
- 各種金融商品の内容やリスクについて学び、自己責任に基づく合理的な資産運用力を身につけること
- 消費者としての基本的な権利と責任を学び、各種の金融トラブルの未然防止や事後対応力を養うこと
- 職業の疑似体験等を通じて勤労の意味を理解するとともに、将来の職業選択等について考えさせること

　金融庁と金融広報中央委員会とでは、用語の使用方法等若干の違いがあるようだが、両者が狙いとするところにさほどの違いがあるとは思えず、本書ではやや幅広い概念を有する金融経済教育という用語を用いた。

　両者を一読してみれば、金融経済教育が現代経済、金銭管理、生活設計、キャリア開発、自己責任等幅広いテーマを盛り込んだ教育であり、同時に単なる知識付与にとどまることなく、人生を主体的に生き抜く力（スキル）を与えることを目的としていることが理解できる。したがって、01年10月に導入された確定拠出年金制度の加入者を対象とし、制度導入企業と運営管理機関とが共同で実施する投資教育をもって代替できる内容でもなく、むしろ投資教育もその一部を構成する項目の一つに過ぎないことを理解しておく必要がある。

　こうした公的機関が発信するイメージあるいは定義・教育内容を念頭に、わが国における金融経済教育の実施状況についてみてみよう。

　わが国では、生命保険料の自由化を除き、時々の内閣・監督当局が外圧をかわすという政策的意図をもって金融自由化を実施・推進してきたわけであり、生命保険料の自由化も含め第④分野の自由化過程に、金融経済教育の裏づけがあったとは想定し難い。

　たとえば、00年6月金融審議会が「21世紀を支える金融の新しい枠組みについて」を答申し、その中で改めて金融経済教育の重要性を指摘するなど、金融自由化の推進と金融経済教育の充実が全くリンクしていなかったことは明白である。むしろこうした指摘をうけ01年金融庁が証券市場改革の課題の一つとして、金融と経済に関する教育を取り上げるなど、答

申の指摘によってその緒に就いたとする見方が大勢なのである。

　したがって、実施機関である学校現場、特に中・高校では、欧米と比較するまでもなく、金融経済教育は全く実施されていなかったと指摘せざるをえない。まさに、「我が国の消費者の多くはアンケート調査（01年8月に金融広報中央委員会が実施した『金融に関する消費者アンケート調査』を指す：筆者注）結果に現われているように、自己責任のもとで、合理的な経済生活を営んでいくために十分な知識を身につけているとはいいがたい」[4]状況が続いていたのである。

　ここでわが国における金融経済教育のあり方、特に行政施策としての取組み方・官民の役割分担等について検討する際の参考資料として、海外事情を簡単に紹介しておく。[5]

　① アメリカ

　「経済・金融教育は、すべての国民にとって、豊かな人生を送る上で必要不可欠なものである」[6]との認識が確立しているアメリカにおける経済・金融教育の特色の第一は、その担い手として非営利民間団体（NPO）が果たしている役割の大きさである。代表的NPOであるNCEE（全米経済教育協議会）は、49年に設立されており、こうしたことからもアメリカの経済・金融教育が非常に長い歴史を有していることがわかる。

　次に、州の権限が強いアメリカにあっては、教育に関しても州の専管事項となっている点を指摘したい。したがって、「学校教育においては、お金の管理や正しい金銭感覚、賢い消費者としての金融知識、経済の仕組みや原則、金融の役割などの観点から、小学校、中学校、高校の各段階で金融教育が取り入れられているが、どの程度の金融教育を行うかは州やさらに各学校の裁量の余地が大きい」[7]とされていることである。

　そこで、連邦政府がNCEEに対し補助金を支出し、わが国の学習指導要領にあたる「金融教育に関する学校の基本カリキュラム」（任意ベース）の作成を委嘱している。各州では、基本カリキュラムを踏まえながら独自の学習指導要領を作成し、金融教育が実施されている。

　3点目は、経済・金融教育において半世紀を上回る実績を有するアメリ

カではあるが、00年前後からクレジットカードによる個人破産が増加するなどの社会現象の表面化をうけ、連邦政府による金融教育への取り組みが改めて強化されたことである。02年には、財務省内に金融教育室が設置され「連邦関係金融機関の金融教育活動の促進および調整役を果たすとともに、円卓会議の開催、金融教育に関する学校の基本カリキュラムへの統合の呼びかけ、有益な金融プログラムの推奨等の活動を行っている」[8]のである。

② イギリス

イギリスにおいては、サッチャー政権の教育改革をうけ1988年制定の教育法に基づき、全国共通カリキュラムが作成されていることを特色の1点目として指摘したい。すなわち全国共通カリキュラムは、義務教育期間である11年間に、いつ何を学ぶかを指示したものであり、どちらかといえば文部科学省制定の学習指導要領に基づく授業が全国一斉に実施されているわが国の現状に近いことがわかる。しかし実態は、わが国同様あるいはそれ以上に現場を預かる教師の裁量権が大きいとされており、全ての学校において金融教育が実施されているとは限らない状況が続いていた様である。

特色の2点目は、こうした現状に危機感を持った政府によって90年代後半から政府による金融教育への取り組みが強化されたことである。97年には金融サービス庁（FSA）が設立され、金融教育を徹底するための支援策が民間団体をパートナーとしつつ積極的に実施されている。代表的なパートナーとして、金融教育を担当する教師を支援する活動──代表的活動として、関連教材に対する品質保証マークの付与、を実施している──を展開している非営利民間団体パーソナル・ファイナンス・教育グループ（PFEG・96年設立）がある。

3点目は、必修科目である数学の中で金融能力（FSAが使用している用語で、個人の金融知識や金融サービスを利用する能力等の総称）について取り上げていることである。

③ OECD

先進国において社会保障制度が縮小された結果、金融リスクが政府・金融機関から消費者に移転しつつあることに危機感を抱いたOECDは、03〜04年度に金融教育プロジェクトを立ち上げ、05年7月には、加盟各国政府が金融教育プログラムを作成し、実施する際の参考として金融リテラシーに関する実務ガイドライン「金融教育および理解のための指針および優れた取組み」を公表した。
　以下に指針で述べられている金融教育の定義について紹介する。[9]
　「金融教育とは、消費者・投資家が、情報提供、教育および客観的なアドバイスを通じて、金融商品、概念およびリスクに関する理解を向上させ、スキルと自信を発達させることによって、リスクと機会についてより深く認知するようになり、その結果、情報に基づく選択を行い、どこに行けば求めている助言を得ることができるかを知り、自身の資産状況を改善させるために効果的に行動するようになるまでのプロセスのことである。
　金融教育は、顧客保護のために行われる情報提供・アドバイスの提供には含まれない、別の取組みである。」
　こうした海外での取り組みのなかで、我々は、わが国より遙かに金融リテラシーの素養があるにもかかわらず、金融工学の発達による新金融商品の登場、確定拠出年金の拡大による加入者への運用責任の移転等々金融環境の変化に素早く対応すべく、新たな金融経済教育の実施が必要である、とする考え方が主流となっていることに、注目すべきである。
　紹介した金融経済教育のイメージ・定義、あるいは海外事情、いずれの観点からみても、わが国では、個々の教育現場において総合学習の時間等々を利用し、単発的な金融経済教育が実施されていた、あるいは一部の大学が生活金融論・パーソナルファイナンス・生活設計論等の講義を実施していたことを除けば、組織的な金融経済教育は全く実施されていなかったと結論づけても極論ではない状況が持続していたのである。
　たとえば、金融庁のホームページに掲載されている「金融庁における金融経済教育への取組み（平成20年5月末現在）」をみると、そのスタート時点を00年6月の金融審議会答申としており、こうした見方が大勢となっ

ているのである。

「金融や経済は、どうも難しくてよく理解できない」のではなく、周辺知識・関連事項も含めて利用者は全く金融経済教育を受けていなかったと指摘したい。当局・金融業界両者が共に、利用者が"賢い利用者"として成長することを望まなかったのである。

(ⅱ) 比較情報の提供

自由化の事実を利用者に周知徹底させる極めて有効な手段である比較情報の提供に関する監督当局・各金融業界の対応をみた場合、そこにも欧米諸国との相違を明確に認めることができる。

たとえば典型的事例として、全国銀行協会連合会の「銀行業における表示に関する公正競争規約」、日本証券業協会あるいは証券投資信託協会の「広告・宣伝に関する基準」「広告に関する規則」等に代表されるごとく、業界団体が加盟金融機関に対してその順守を求めていた比較情報規制の存在を指摘することができる。[10]

さらに「問題の根が深いと思われることは、この『比較情報規制』の存在自体が政策当局者や民間金融機関関係者の間でとくに問題視するほどの関心を呼んでいなかったことである。政策当局者にとっては、『自分たちは規制していない。業界団体が実施していることだ』として当事者意識はなく、他方、民間金融機関は、長い期間にわたってこの規制が続けられ『制度化』されてきたため、『当局が規制しているので当然比較情報を出すことはできない』と観念していたのである。」[11]と指摘されている通り、金融商品の選択肢の拡大と歩調を合わせ利用者に対し比較情報を提供する、という考え方が関係者に全く欠落していたのである。

「公正な取引が実行されるためには、その取引への参加者全員が、同時に同質の情報を取得できることが、可能となっていなければならない」ことは、競争モデルを考える際の前提条件であり、本書が改めて確認することなど必要ない、経済学を学んだ人々の常識であろう。ところが、第④分野の自由化が開始された以降も、こうした比較情報規制が存在していたの

である。

　筆者には、大蔵官僚や金融マンたちが、何か別の目的のために比較情報の提供をひたすら回避していたとしか考えられないのである。たとえば、比較情報を検討した利用者が他の金融機関に乗り換える⇒その結果資金あるいは保険契約等が移動する⇒業績が悪化する金融機関が出現する⇒最悪の場合は、金融機関の倒産も起こりうる⇒業界秩序の崩壊⇒監督責任の表面化⇒天下り先の減少、といったことである。

　特に60年代早々から契約者配当の自由化に踏み切りながら、その事実を利用者に周知する努力を放棄するとともに、比較情報の提供を規制する流れを決定づけた関係者の責任は、金融自由化がなかなか定着しないわが国の現状を考慮すれば、極めて大きいと指摘せざるをえない。

　すなわち業界秩序の維持＝護送船団行政に拘泥するあまり、金融機関と利用者の間に存在する「情報の非対称性」を少しでも小さくする努力を当局・業界がみせたことは皆無であり、自由化開始後いかにして比較情報の提供を社会全般に定着させていくかといった観点からの自由化支援策も全くみられなかった。

　結果として、金融機関利用者は、第④分野の自由化の詳細を知らされることなく、各金融機関が販売する金融商品について同一内容・同一価格と思い込まされていたのである。

　個別業界の事例として、隣接業界に先駆けて保険料の自由化に踏み切った生保業界のケースをみてみよう。

　配当自由化では、第2章で詳述した通り、利用者にとってその詳細を知る術は、当局からの情報公開を待たざるをえなかったのである。しかし、当局が会社名を削除し、配当率分布状況ならびに配当格差の事実のみ公表したこと、さらに公表内容の告知手段として『銀行局金融年報』（各年版）が選択されたことから、利用者が個別会社の配当水準を比較・検討することが不可能なまま自由化が進展、生保経営のあり方、あるいは利用者の商品選択に何ら影響を与えることなく90年代を迎えることとなったのである。

一方この間、比較情報の提供を求める動きが全くなかったわけではない。73年2月の国生審答申「サービスに関する消費者保護について」では、以下に紹介する通り当局・生保業界に対し比較情報の提供を求めており、これをうけた形で保険審も75年6月「今後の保険事業のあり方について」と題する答申のなかで、比較情報提供の重要性を確認するとともに、その提供主体のあり方にまで言及している。以下、関連部分を紹介する。

〈サービスに関する消費者保護について〉

(昭和48年2月27日)

第2部　業種別の消費者保護施策について
　第4章　保険サービス
　2.　契約条件の適正化と選択情報の提供
　(3) 情報提供の促進
　消費者がその生活設計についていかなる保険計画をもつかはきわめて重要な問題であり、消費者が正確な認識のもとに合理的な決定をなしうることが必要である。
　このためには、消費者に対して客観性を有する総合的情報、比較情報の提供を図るとともに、消費者啓発・教育を促進することが必要であるが、保険サービスに関する比較情報は現行法制上制限があり、まったく提供されていないほか、消費者啓発・教育も必ずしも十分効果をあげているとは認め難いので、なお一層努力する必要があると思われる。
　したがって、今後公的機関等により保険サービスに関する比較情報の提供が行なわれる必要があるとともに、業界団体はもとより学校教育においても生活設計における保険計画のあり方等に関する消費者啓発、消費者教育を拡充する必要がある。〔以下略〕

〈今後の保険事業のあり方について〉

(昭和50年6月27日)

　第1部　今後の生命保険事業のあり方について
　Ⅱ　各　　論
　第2　生命保険商品

5　情報提供の改善

消費者の商品選択に資するための情報提供について、外務員はもとより、各生命保険会社の相談窓口、店頭販売等を通じてその積極化が望まれるとともに、次のような改善策が検討、実施されるべきである。
(1) 生命保険会社は、保険商品が多様化かつ複雑化している現状に鑑み、各保険商品の給付構成及びそれに応ずる保険料の構成を契約者に分かりやすく提示すべきである。また、生命保険協会又はこれに代わる機関により、各生命保険会社の商品についての給付構成、それに応ずる保険料の構成、これらの変更等に関する適正な比較情報並びに養老保険、定期保険等の各種類ごとの特質及び利用方法についての情報が提供されることが必要である。
(2) 契約者配当を含め保険契約に関し契約者の負担するコストの比較情報については、いかなる基準で比較するのが適正であるかという技術上の問題及び現行の保険募集の取締に関する法律上の問題があるが、消費者の保険商品選択に資するため、及びそれを通じて正味保険料低廉化をめぐる会社間の競争を一層促進するため、カナダ生命保険協会の例等を参考として、その具体的な方法について早急に検討が行われることが必要である。
(4) 消費者に対する情報提供を促進することをも目的として、生命保険業界の協力による学識経験者を加えた第三者的機関が早期に設立されることが望ましい。この第三者機関により、特に上記（2）の合理的なコスト比較方法が開発され、実施に移されることを期待する。

「消費者に対して、商品選択に資するための情報提供を促進することを目的として、学識経験者を加えた第三者的機関である『財団法人生命保険文化センター』が設立され（51年1月、基金1億円）、生命保険に関する情報提供や調査・研究を行うことになった。」(S52：94) と記述されている通り、国生審・保険審答申を受け設立されたのが財団法人生命保険文化センター（以下センター）である。

しかし設立後35年余を経過したセンターが、両答申の趣旨を尊重し第三者機関として比較情報の提供を実施したことは、筆者の知る限り、一度もなかった。それでも当局は、センター内に天下りポストを確保してお

り、センターの設立も当局のアリバイ作りに役立ったにすぎなかった。

　89年から開始された保険制度改革を巡る一連の議論においても、再び比較情報の提供が取り上げられている。具体的には、日米構造協議の進展を横目で睨みながら、92年保険審答申「新しい保険事業の在り方」、あるいは94年の保険審議会報告で、比較情報の重要性、募集文書の取り扱いに関する規制の見直しが言及されており、90年代に入り当局・業界の姿勢にも若干の変化がみられたのである。以下に関連部分を紹介しておく。

〈新しい保険事業の在り方〉

(平成4年10月5日)

　第2章　保険事業の在り方について
　2．保険商品の販売について
　(4) 情報提供の充実等
　イ．貯蓄性の高い保険商品と金融商品の同質化を背景として、利用者の関心の高い商品情報については、類似の金融商品と同様の開示を行う必要がある。
　　　現行の募取法は、募集文書図画への予想配当の記載等の禁止、商品内容の一部比較の禁止等を定めているが、これらの規制について、今日では、利用者の商品選択に有用な情報の提供まで制限される面があること等から、利用者保護に配慮しつつ見直す必要がある。また、保険商品、販売チャネルの多様化に伴い、募集時に募集主体の権限、商品選択情報等につき開示義務を課すことについて、法制的な観点も含め検討が行われる必要がある。
　ロ．今後、諸外国における情報提供の例等も参考にしつつ、開示内容・方法に関する基準の策定、第三者機関による商品選択情報の提供について、具体策の検討が進められる必要がある。〔以下略〕

「保険業法等の改正について」
―保険審議会報告―

(平成6年6月24日)

〈募　集〉

③　募集行為規制
・現行の募取法は、募集文書図画への予想配当の記載等の禁止、商品内容の一部比較の禁止等を定めているが、これらの規制については、今日では、利用者の商品選択に有力な情報の提供まで制限される面があること等から、保険契約者等の誤解を招くおそれのないものについては、規制の対象外とする。

92年答申に再び第三者機関に関する記述がみられるのは、審議会行政の限界を窺わせるわけだが、横目で日米経済協議の動向を睨みながらの答申であっただけに、当局・業界のこうした姿勢の変化が日米保険協議決着後の比較情報サイト（民間ベース）の出現につながったともいえよう。

とはいうものの、サイトの登場は、契約者配当の自由化からおよそ40年後のできごとであり、民間主導の運営であった事実に鑑みれば、こうした自由化の展開過程そのものが、当局、保険業界、マスコミ等各方面において、自由化の事実を利用者に周知徹底すべく比較情報を提供するという考え方が、全くなかったことを裏づけているとみてよい。

一方損保業界のケースでは、比較情報サイトの登場によって、比較情報の提供が現実のものとなったことは、第4章で言及した通りである。

わが国保険業界では、比較情報の提供に関し、長らく（旧）「保険募集の取締りに関する法律」（以下募取法）あるいは「不当景品類及び不当表示防止法」（以下景表法）との関連が不透明と理解されていたことから、いわば"タブー"とされてきた。すなわち締結または募集に関する禁止行為として募取法第16条第1項が「保険契約者又は被保険者に対して、不実のことを告げ、若しくは保険契約の契約条項の一部につき比較した事項を告げ、又は保険契約の契約条項のうち重要な事項を告げない行為」を規定していることに、景表法第4条における「優良誤認」・「有利誤認」の考え方が加味され、「保険契約者に誤解を与える恐れがあるとし、他社比較が禁止されている」ことが業界内の常識となっていたのである。

しかし筆者には、募取法が公正な第三者による各社比較まで禁止してい

たとは読めない。事実、先に紹介した国生審が73年、保険審が75年と、募取法が有効であった時期に、第三者機関による比較情報の提供を求める答申を提出しており、これをうけセンターも76年に設立されている。

にもかかわらず、センターによる情報提供が開始されなかったことは、当局・保険業界内に比較情報の提供をタブーとしておくことが、暗黙の了解事項となっていたと考えざるをえない。こうした事実は、当局・業界の双方に業界秩序崩壊のきっかけとなる可能性を秘めている比較情報の提供を、隣接業界への波及も含め可能な限り回避・先送りしたい思惑と表裏一体とみれば、非常にわかりやすい。

一方、保険制度改革後とはいえリスク細分型自動車保険の通信販売が認可された頃から、自動車保険商品の多様化とインターネットによる情報提供が結びつき、"タブー"があっさり打破されたこと、さらにはその担い手が民間のサイト運営業者であったことは、注目に値しよう。

(ⅲ) 自己責任原則のあり方

本書では、自己責任意識を「自ら主体的に考え・判断・意思決定・行動し、その結果については自からの責任を認める考え方」と定義した。

したがって、金融取引のみに限定される考え方ではなく、我々が生活している現代社会――高度に発達した資本主義社会――において、個人・企業・国家が共通の価値観として保有すべき意識であることを確認しておく。

本書の主題である金融自由化、なかでも第④分野の自由化との関連でいえば、以下がポイントとなってこよう。

金融機関からすれば、第④分野を自由化する目的は、各金融機関の経営の健全性が維持されていることを前提とし、金融機関がそれぞれの体力に応じ、自らの判断において利用者利益の拡大を図ることにある。

一方利用者にも、自由化目的を正しく理解し、金融機関ならびに金融商品を自らの意思に基づき選択することが要求されることとなる。

金融先進国においては、上記2点を重視し、現代社会を支える個々人への自己責任意識の浸透が、金融自由化定着のための大前提と考えられてい

るのである。

　すなわち、先進国では、利用者サイドに自己責任意識が浸透した結果、自ら必要と判断し、金融関連知識の習得に励むと考え、さらには自由化の進展にあわせて比較情報を当局・業界・個別金融機関に求めるであろうと想定しているからである。各国において、自己責任意識の利用者各層への浸透状況が自由化定着の可否に直結すると信じられている所以である。

〈自己責任意識の浸透状況〉

　そこで、わが国における自己責任意識の浸透状況について、考えてみたい。

　戦後復興の過程を振り返ってみると、90年代前半までの間、自己責任意識が国民各層に浸透していたとは認めがたい状況にあったといわざるをえない。

　なかでも、金融自由化に関する4分野中、利用者の大多数を占める"アマチュア・小口取引"グループに最も大きなメリットを与える第④分野の自由化に関しては、先述した通り、金融業態別に政策的整合性を見つけられないまま監督官庁・金融業界連合による管理された自由化が実施されており、こうした自由化のあり方に対し利用者が反発した・疑問を表明した事実は見つけられなかった。

　彼等の一部が、「何かおかしいぞ」「うちの銀行・生保・証券は大丈夫か」と感じだしたのは、バブル崩壊が確定的となり、多くの金融機関が破綻した以降のことといってよい。これは"金融機関不倒神話"を盲信していた利用者が、わが国経済・社会の基本的枠組みを形成していた実体的監督主義に基づく官民関係が綻びをみせ、バブル崩壊を乗り切れず最早機能しなくなったことに身をもって気づいたからである。監督官庁である大蔵省、あるいは日銀を巻き込んだ不祥事の表面化も、こうした動きを加速したことは論を待たない。

　しかしバブル崩壊が決定的となった90年代中葉以降、この時期は一方において預金金利の自由化が完了し、株式売買手数料あるいは損害保険料の自由化が議論されていた時期でもあったわけだが、この時点のみならず

第5章　金融自由化とわが国固有の金融風土

00年代前半までは、一般大衆レベルにまで自己責任意識が浸透していたかといえば、疑問符をつけざるをえないデータが多数目につく。その中から、特に顕著な結果をみせている5点を以下に紹介する。

① 電通EYEアンケート

「ビッグバン時代に必要とされる『自己責任』に関しては、最も意識が高い有職主婦でも、『自分の責任で商品の選択や取引をするようになる』と答えたのは4人に1人で、男性は18％にとどまった」

(98年9月25日付毎日新聞)

② 与謝野自由民主党衆議院議員（当時）に対するペイオフ実施に関するインタビュー（聞き手　斎藤行巨論説委員）

「斎藤　モラルハザードは預金者にも起きる。自己責任で良い金融機関を選ぶ作業をしなくなる。高金利を出してくれるならどこでもいいでは不良金融機関の整理・淘汰が進まない。

与謝野　私の母は84歳になるが、金融知識もない個人に自己責任を問えるのか。中小企業も同じで、金融に関しては素人だ。専門知識を持ったプロ対プロの取引ならば保護する必要はない。しかし、金融監督庁ですら良い銀行か悪い銀行か分からない現状で、個人に、ばさっと自己責任をかぶせるのは無理がある。〔以下略〕」

(99年10月25日付毎日新聞)

③ 「行き過ぎた自由化は契約者のためにならず」瀬下明（あいおい損害保険社長）

「契約者に判断させ、自己責任を求めるのは酷な話ではないか。必要な情報をディスクローズすれば良いというが、果たして普通の人が複雑な保険の経理や財務をどこまで理解できるのか」

(日経ビジネス03年10月20日号)

④ 地方から変える1　中田横浜市長（当時）に対するインタビュー

「住民基本台帳ネットワークへの参加、不参加を市民の選択に委ねた横浜方式。『市民も自覚を持って考えてほしかったから。役所に決めてもらうお任せ民主主義はダメ』と自立を促す」

（03年12月2日付日本経済新聞）
⑤　貯蓄広報中央委員会（現金融広報中央委員会）「貯蓄と消費に関する世論調査」（現「家計の金融行動に関する世論調査」）
・選択回答項目の一つとして初めて自己責任という単語を使用した92年調査
「問13. お宅では、金融自由化の進展について現在どのようにお考えですか。次のうちから二つ以内で選び、該当する番号に〇印をつけてください。〔中略〕
　金融自由化の進展に伴い、金融機関、企業、個人はそれぞれ競争原理のもと自己責任において行動でき、公正な市場が形成されるので、歓迎している　　　　　回答率　14.7％」
・質問項目として自己責任を初めて取り上げた97年調査
「問15. a）あなたは、金融商品の選択に関する『自己責任』という考え方について、どのように受け止めていますか。〔以下略〕」

　こうした諸データから読み取れることは、90年代前半までの間、資本主義社会を支える精神的支柱である自己責任意識が、利用者一人ひとりにまで浸透していなかったという事実でしかない。
　さらに、本書のごとく自己責任意識を定義する考え方に立てば、諸データから得られる結論は、国民一人ひとりが日常生活の多くの局面において、主体的に物事に対処することにより、考え・判断し・意思決定し・行動し・その結果に責任を持つという生活様式に馴染んでいなかったと指摘しても過言ではなく、"平和ボケ"と揶揄される所以となっているのである。
　戦後のわが国資本主義が、80年代中葉から後半にかけてそのピークを迎え、世界に冠たる経済大国となったことは周知の事実である。その原動力となった国民一人ひとりに自己責任意識が浸透していなかったとするならば、自己責任意識なき資本主義経済を、これほどまでに繁栄させた原動力は何だったのか。本書では、その答えを「官僚制の徹底」に求めてみた。

第 5 章　金融自由化とわが国固有の金融風土

〈官僚制の徹底〉

　わが国の官僚制について考察する場合、官僚制を二つのタイプに大別してみると理解しやすい。すなわち、中央省庁に代表される国家官僚制と、日本的経営管理に代表される企業内官僚制である。

　国家官僚制とは、中央省庁を頂点とする行政組織とそこに所属する各種公務員を統制するものであり、企業内官僚制とは、個々の民間企業・そこに所属する従業員・民間企業が構成している各種業界団体を一つの連合体として統制するものである。さらに、両者が複雑に絡み合い、そこに政権与党の国会議員である族議員を巻き込む形において、政・財・官のトライアングルがより強固な官僚制を構成し、各方面から日本株式会社と比喩されていたわけである。

　まず第一のタイプである国家官僚制についてであるが、そこには、連続性を最大の特色として指摘することができる。すなわち、わが国の国家官僚制が、徳川幕府の官僚（武士）—天皇家の官僚—GHQ の官僚—中央省庁の官僚と、わが国の社会・経済体制がいかなる状況にあっても、常に立法・司法・行政の三権を手中にしていた、という観点からの連続性である。

　国家官僚制の出発点をどこに求めるかは議論の分かれるところであろうが、徳川幕府の体制が強固なものとなり、戦闘集団であった武士が次第に幕府の官僚として定着していった 18 世紀中頃とする見解が大勢となっているようであり、(13) さらに、時代の変化とともに、姿・形を変えつつも、その行動原理・原則をほとんど変化させないまま今日まで独自の体制を維持し続けてきたのである。こうした連続性の最たる原動力が「人材の継続」である。

　明治維新を半市民革命と位置づけ、その後の近代化の過程を、上からの資本主義化とする見解が今日では大勢となっているわけだが、こうした見解にしたがえば、徳川幕府から明治政府への政治権力の交替も、当時の支配階級であった武士階級内部での権力闘争の結果、彼等に担がれるトップが徳川家から天皇家に変わったに過ぎないとみることができよう。そこには、イギリスにみられるごとき典型的な資本主義化の過程を見つけること

はできず、経済運営のあり方にのみ資本主義的手法が導入されたとみた方がわかりやすい。

　具体的にいえば、明治維新を契機とし、わが国の経済・社会を近代化する手法として、欧米流の資本主義経済の運営方法が導入されたにすぎず、徳川時代の被支配階層であった農民・町人・商人達が、自らの意思によって資本主義社会を建設したのではなかった。したがって、彼等が、明治維新後の資本主義化の過程において、私有財産制・契約自由の原則・自己責任原則といった資本主義経済の運営にかかわる基本的考え方を学び・理解していたとは、到底認められない。

　そこで、江戸から明治にかけての国家官僚の継続性に注目してみよう。まず、人材面からは、幕府の一員として軍事・行政・政治・財政・教育等々のプロフェッショナルとして優勢を得ていた武士階級のうち、およそ30％が明治政府の官吏に転身していたことが指摘されている。[14]

　たとえば山縣有朋、伊藤博文等に代表される明治政府の主要メンバーが、"薩長土肥"に代表される旧大名家に所属する家臣であったこと、さらに、函館五稜郭の戦役において幕府軍の総大将であった榎本武揚が、明治22年黒田清隆内閣の文部大臣に就任、戊辰戦争に幕府軍として参加した秋月悌次郎が第一高等中学校の教員として採用されるなど、教育の場にまで、旧幕臣が登場する。国民各層に対し明治政府の経済・社会運営の基本を教育し、国をあげて近代化に取り組むべき人材を育成する部署にまで、旧幕臣、それも最後まで徳川封建体制の維持にこだわった人々が登用されていたのである。

　また、明治17年7月「華族制度」が導入されたが、旧大名・公家・維新の功労者がその対象であった点も、人材を継続的に優遇する観点から、注目に値しよう。

　こうした人材の継続性が意味するところは、本来主役となるべき大衆が資本主義の何たるかを理解する前に、国家官僚主導による資本主義化がなされたこと以外になく、うがった見方をすれば、大衆が早々に資本主義の基本的考え方に目覚めないような経済・社会の運営が企図されたといえる

のである。たとえば明治政府は民間企業を監督するにあたり、国家＝監督当局が強大な権限を有する実体的監督主義を採用したわけだが、こうした官民一体となっての経済運営が、結果として、明治維新以降次々と導入された新制度・新産業の信頼性を高めることとなり、政府の方針に唯々諾々としたがう大衆を作り出すことに成功したのである。それは、90年代まで続いた"賢いお上と暗愚の大衆＝国家官僚制主導による国家運営方式"のスタートであった。

次に、戦前から戦後にかけての国家官僚の動向に注目してみよう。

敗戦を契機としてGHQによる占領統治が開始されたわけだが、戦前期に各省庁の高級官僚の地位にあった人々が、その一員として戦後復興に一役買ったことはよく知られている。たとえば、国家官僚として大なり小なり戦争遂行にかかわってきた岸信介、佐藤栄作、福田越夫等が、戦後国会議員、大臣、首相となったことは周知の事実であり、首相経験者以外にも、数多くの戦前期官僚が彼等と同様のコースを辿り、国政に参加したこととあわせ考えるならば、国家官僚制にみる人材の継続性は否定できず、今や日本的特質とみた方が自然である。

加えて、昭和13年国家総動員体制の成立を契機とする経済運営手法が戦後も継続され戦後復興に大きな力を発揮したことが、こうした人材の継続性を大衆レベルで正当化したことも見逃せない。戦後も国家官僚主導による国家運営が継続されたのである。その過程で、彼等が"国民の官僚"としての立場を明確にしないまま今日まで、常に"国家官僚制のための官僚"として行動してきたことは、昨今の官僚批判からみて明白であろう。

一方、企業内官僚制であるが、明治維新後の近代化を担った民間企業の多くが、三井・三菱・住友に代表される旧財閥に所属する企業であったこと、そして彼等の誕生に、徳川幕藩体制を支えた大藩が密接なかかわりを持っていたこと等が、わが国における企業内官僚制の発生・成長に大きな影響を与えたであろうことは、容易に想像できる。

明治後半から大正・昭和初期にかけて完成された終身雇用・年功序列型賃金体系・企業内組合に代表される家族主義的管理が、90年代まで続い

た「日本的経営」の原型となったわけだが、さらに「日本的経営」そのものが、企業内官僚制の誕生・成長をもたらし、次第により強固な制度へと発展させたことは間違いない。

　大学あるいは高校を卒業と同時に入社し、定年まで同一企業で働く。その過程で異動・昇進を繰り返し、給与も毎年上昇していく。定年まで無事勤めれば、それ相応の退職金・年金が支給される。こうした労働環境下でのサラリーマンが戦後復興・高度成長を成し遂げたのである。

　特に、労働の横断市場が未成熟であったわが国においては、一つの企業に所属し、功成り名を遂げて部長・役員になるということがサラリーマンの共通した目標であり、また社会的評価の向上につながったのである。就職より就社といわれた所以である。

　したがって"健全な批判者"よりも"組織に忠実な労働者"が企業の内外において求められたことは当然であり、社宅に住む、社内運動会・社内旅行に参加する等も、同一線上に位置づけられていたとみてよい。当然サラリーマンの意思決定の基準も、個人より会社、社会より会社・業界にあったのである。こうした結果、会社を一歩出れば"一人の国民・消費者であるべき"という意識・価値観が希薄なままにバブルの発生・崩壊に遭遇し、"利益至上主義"を出来させ、中央省庁・金融機関を巻き込んだ数々の不祥事を表面化させることとなった。

　すなわち企業内官僚制自らが、企業を拡大・成長させ、さらには衰退・破綻を招いた、とみることができるのである。

　加えて、国家官僚制と企業内官僚制が、外見上二本柱のようにみえるものの、その実は、両者が許認可・公共工事発注等々を接点として複雑・密接に絡み合い、日本株式会社を誕生させていたと指摘できる。すなわち、明治維新後の近代化の過程では、当時の列強に追いつくために、官民あげて"ヒト・モノ・カネ"を集中・有効活用することが不可欠であったわけであり、結果として、官がリーダーシップを発揮し、民がしたがうという挙国一致の近代化が要請され、90年代まで続いた日本株式会社の原型となったのである。

さらに、こうした官民合同の経済運営の体制・手法が昭和13年以降の国家総動員体制の導入を受け、より一層徹底されたことは否定しがたく、その体制が、敗戦後の経済復興にもリーダーシップを発揮したことは衆目の一致するところであろう。特に、戦後復興の過程において、許認可・行政指導・立ち入り検査・天下り・特殊法人・特別会計・公共事業・随意契約等々、昨今マスコミを賑わしているお馴染みの手法が、官の優位性を決定的にしたといっても過言ではない。一例を示せば、道路公団民営化を巡る議論の中で、道路族が拠り所とした道路整備5カ年計画に代表される公共事業の長期計画などは、日本株式会社の仕組みをより強固なものとした典型例といえよう。

　わが国におけるこうした官僚制の徹底が、M・ウェーバーが指摘する「組織」を成立させたことは当然である。彼の指摘によれば、「利益社会関係を通じて作り出される支配の特殊の安全装置は、一般的な形で云えば、次の点にある。すなわち、指導者の命令に服従することに慣れ、支配とそれのもたらす利益とにあずかることによって支配の存立に個人としてみずからも利益を感じている一群のひとびとが、ひき続き命ぜられるままに動き、かつ、支配の維持に役立つような命令権力や強制権力の行使に参加するということ（『組織』）がこれである」[15]となるわけだが、二つの官僚制の徹底によって作り出された「組織」が、戦後復興と経済的繁栄を可能とし、「組織」の一員であることが、構成員一人ひとりに生活の安定をもたらすこととなったのである。

〈自己責任意識と官僚制〉

　それでは、「自己責任意識が90年代初頭まで、ごく一部の階層に止まり大多数の大衆にまで浸透していなかった」ということと、「二つの官僚制の徹底」とはいかなる関係にあるのだろうか。

　答えは明白である。すなわち、二つの官僚制あるいは両者が作り出した日本株式会社による戦後復興とその後の経済運営が、余りにも上手く機能し、国民各層を"一億総中流"と呼ばれる中産階級へと押し上げた結果、官僚一人ひとりを"首までドップリ官僚"、それも国益よりも省益、省益

よりも局益を重視する官僚として、さらにサラリーマン一人ひとりを会社・上司に忠実に行動する、業績目標達成のためなら法令違反もいとわない"身も心も会社人間"として、育成したと指摘できる。

まさにM・ウェーバーの指摘通り、わが国では、国民の大多数がそれぞれ所属している組織の一員として居続けることによって、最大の利益を得ていたのである。

となれば、所属する組織の方針に反してまで、国民の立場に立つ官僚、消費者の立場に立つサラリーマンが誕生しなかったであろうことは、容易に想像できる。

当然のことながら、仕事が終了した以降のプライベートタイムにおいても、社内旅行・社内運動会・日々の"飲みニュケーション"があり、常に会社の一員であることを意識する毎日が通常であった。「あいつは、付き合いが悪い」という周囲の感情が職務遂行にも微妙な影響を与えた。転職が有利に働くことがほとんどなかったこともあり、公私にわたり組織＝会社に忠実でありさえすれば、相応の恩恵をこうむることができ、家族もまたそれを望んでいたのである。

こうした日常行動のなかから、自己責任意識が芽生え・育ったとは到底考えられない。極論すれば、大多数の国民は、健全な批判者あるいは賢い消費者より、所属する組織、それも二つの官僚制につながる組織の方針に忠実な一員となることを選択したのである。戦後復興とその後の経済成長の恩恵を目一杯享受するためにも、それは彼等にとって至極当然の選択であった。

となれば、いかにわが国の金融自由化に、日本的特質が指摘されようとも、それが国家官僚制の頂点に君臨していた大蔵官僚と企業内官僚制のリーダーであった金融業界の合作ということであれば、彼等につながる組織の構成員達から不満が出ることはありえない。

さらに、急速な金融自由化の実施やそのための金融経済教育の充実が、結果として利用者の自己責任意識を目覚めさせ、彼等を健全な批判者・賢い消費者へと成長させるだけに、逆説的にみれば、本書で取り上げた日本

的金融自由化の進め方は、国家官僚群や大企業の経営者達には、歓迎・評価されていたのである。

　一方現時点で、利用者の立場から金融自由化の経緯を振り返ってみると、各業態の自由化が政策的整合性を認められないまま実施されていたことが明白であり、同時にいくつかの疑問が生じてくる。

　　①　銀行局保険部が監督していた生・損保において、第④分野の自由化を実施するのに、なぜこれほどのタイムラグを必要としたのか。
　　②　金利自由化を完了した94年以降も、経営状態に明確な差が生じていたにもかかわらず、各銀行の預金金利水準が実質的横並び状態を続けていたことが、なぜ独占禁止法に抵触しなかったのか。
　　③　各金融機関が好業績を維持していた80年代後半に、なぜ第④分野の自由化を推進しなかったのか。金融機関の体力消耗が著しかった90年代中葉にかけて自由化を実施した狙いは何だったのか。

　しかしながら、最大の疑問は、多くの利用者から自由化に関する意見表明が全くなされなかったことにつきよう。

　わが国の金融自由化が、個々の金融機関の経営判断によって進展した、あるいは利用者が自由化を強く求めた結果実施されたわけではなく、監督当局と金融業界の合作として導入され、さらには自由化スケジュールそのものが対外公約となっていた事実を考えれば、自由化にまつわる数々の疑問が表面化しなかったことも、うなづけよう。端的に指摘すれば、利用者の多くが、金融機関に求めたことは、経営の健全性維持のみであり、第④分野の自由化ではなかったと考えればよい。当然、利用者サイドに自己責任意識が求められることもなかった。

　多くの利用者は、先にみた二つの官僚制、特に大蔵省主導の実体的監督主義に基づく金融機関監督のあり方に対する盲目的信頼から、監督官庁が実行する行政手法を極めて自然に受け入れたのであり、そこには、自己責任意識など必要ない時代が継続していたと考えることが正解であろう。さらに自由化されていること自体気づかなかったこと、あるいは自由化以降でも預金金利の水準が現状実態的にみて横並びであったこと等から、利用

者の金融機関選択・商品選択の基準は"立地条件やセールスマンの良し悪し"あるいは"職場の上司・大学の先輩に紹介された"等に終始し、比較情報を求める動きも表面化しなかった。

　視点を変えれば、第④分野を自由化することによって、利用者がいかなるメリットを享受でき、反面いかなるリスクにさらされるかを、利用者、特にアマ・小口グループに属する大多数の大衆が理解しようとしなかったと認めざるをえないのであり、当然のことながら、そこに自己責任意識の欠如も指摘できよう。

　わが国では、二つの官僚制の合作である戦後復興とその後の経済発展が余りにも首尾よく展開したがゆえに、国民一人ひとりが"個人の立場"よりも"組織の一員"であり続けることを選択し、結果として、自己責任意識なき資本主義社会を出現させたのであった。

　欧米の圧力に押され、政府が何の準備もないまま金融自由化に踏み切り、"今後は、利用者の自己責任です"と突然突き放されても、"それは、ないでしょう"が、大多数の国民の本音であったと考えるほうが自然である。

(3) 金融風土の変革状況

(ⅰ) 金融経済教育の現状

　第④分野自由化のラストランナーとして、損害保険料の自由化が完了した00年以降今日までの間、我が国の金融風土は、

　① 変革したのか、しなかったのか、

　② 変革したとするならば、何がどのように変革したのか、

について確認してみよう。

　まず金融経済教育に関して、その現状をみてみよう。

　00年の金融審議会答申をうけ、01年には金融庁が証券市場改革の課題の一つとして、金融と経済に関する教育を取り上げており、さらには金融広報中央委員会が「金融に関する消費者教育の推進にあたっての指針

(2002)」を公表するなど、遅ればせながら公的機関による金融経済教育の実施・充実を求める動きが目立つようになってきたことは、事実である。

答申および指針の関連部分を以下に紹介しておく。

〈21 世紀を支える金融の新しい枠組みについて〉

(平成 12 年 6 月 27 日)

Ⅰ　金融サービスのルールに関する新しい枠組みについて

3．ルールの実効性の確保と消費者教育

(2) 金融分野における消費者教育の推進について

　金融イノベーションが進む下で、様々な金融商品が提供されるとともに、インターネット取引等に見られるようにその提供方法も多様化している。こうした中で、消費者が主体的に商品を選択し、そのメリットを享受していくためには、消費者が金融の仕組みや取引ルール等に対する知識を深め、多数の選択肢の中でその商品がどのように位置付けられているかを理解するよう努めることが基本である。〔中略〕

　一方、消費者が、このような対応を適切に行っていくためには、金融商品・取引について十分な知識や情報が消費者に対して提供されることが前提となる。

　消費者教育については、これまでも、学校教育や社会教育、生涯学習の場において、行政機関や業界等による地道な努力が行われているが、それぞれ個別主体毎の取組みであり、また、その内容が消費者のニーズに必ずしも応えていない等の問題が指摘されている。このような現状を踏まえると、先ずは、業界、消費者団体、地方公共団体、関係省庁等が参加する貯蓄広報中央委員会・都道府県貯蓄広報委員会のネットワークを活用し、消費者教育を体系的・効率的に実施することが重要である。さらに、不特定多数の消費者向けにインターネットをより一層活用した情報提供の推進も行われるべきであり、学校教育における更なる取組みも必要である。

　これらの施策も含め、今後、金融庁を中心とする関係当局は金融分野における消費者教育に積極的に取り組むべきであり、そのための具体的対応の検討が期待される。

「金融に関する消費者教育の推進に当たっての指針 (2002)」

(2002年3月初版 2005年3月改定)

1. はじめに

わが国における金融に関する消費者教育は、その推進に当たって、新たな対応を求められている。

かつてわが国では、金融取引等に関する様々な規制により、金融機関の競争が制限されていた。このため、消費者にとっては、金融取引・商品に対する選択の幅が狭い反面、リスクもそれだけ小さいことから、消費者が金融に関する情報を主体的に収集する必要性は乏しく、金融に関する消費者教育への認識もそれだけ希薄であったといえよう。しかし、1980年代以降徐々に進展しつつあった金融規制緩和が、平成8年に提唱された日本版金融ビッグバン構想を受けて、さらに加速するとともに、情報・通信の技術革新も急速に進展するにつれて、新しい金融取引・商品が次々と開発されるところとなった。他方、金融機関の破綻事例も増加してきた。その結果、消費者はより多くの選択肢を手にした一方、多様なリスクへの対応や自らの選択とその結果に対する自己責任が従来にも増して強く求められるところとなった。こうした自己責任を消費者が適切に果たしていくためには、消費者に対して必要な情報を提供し、消費者の自主的な選択能力を高めていくこと、つまり金融に関する消費者教育が必要不可欠となりつつある。〔以下略〕

両者とも金融自由化の進展をうける形で金融経済教育の必要性を指摘しており、また官民あげての行政施策としてそのプログラム作りに触れていること、さらには情報提供・自己責任と関連させて金融経済教育を取り上げていることなど、一歩前進と指摘できなくもないが、米英の事例と比較してみれば、物足りなさを感じることは否定できない。

その後05年6月には、「金融を含む経済教育等の実践的教育を推進する」ことを明記した「経済財政運営と構造改革に関する基本方針　2005」が閣議決定され、翌7月には「経済教育等に関する関係省庁等連絡会議」(内閣府、金融庁、文部科学省、金融広報中央委員会が参加)が設置されている。先に紹介した金融教育プログラムもこうした動きの延長線上に位置づ

また、「学校の授業で株式や投資といった金融知識を教える『金融教育』の動きが広がってきた」[16]等、関連報道も散見されるようになってきている。

しかしながら、前述の通り金融広報中央委員会が07年に「金融教育プログラム―社会の中で生きる力を育む授業とは―」を改めて公表するなど、中・高・大連携のもと組織化された金融経済教育が実施されているかといえば、依然として"否"と指摘せざるをえない。金融庁が、02年11月、06年9月の二度にわたり、学校における金融経済教育の一層の推進のため、文部科学省に対し「学習指導要領への金融経済教育関連事項のより具体的な記述を求めた」という事実そのものが、こうした見方を裏づけているのである。

本書執筆中の11年には、文部科学省より小学生を対象とする学習指導要領の改訂が発表された。12年には中学生向けが、13年には高校生向けが改訂予定とも報じられており、その動向が注目される。

金融経済教育について、小・中・高教諭等関係者を対象として金融庁が04年8月実施したアンケート調査から、教育現場の実態を紹介しておく。[17]

- 金融経済教育については、「重要でありかつ必要である」とする回答が小学校で57%、中学校で75%、高校で81%
- 高校生までに「金融取引に関わる消費者教育」を行うことについて、「必要である」が小学校で92%、中学校で95%、高校で96%
- 金融経済教育の特色ある授業実践例を「持っている」は、小学校で2%、中・高で6%に過ぎず、「持っていない」が9割以上
- 金融庁作成の副教材「インターネットで学ぼう わたしたちのくらしと金融の動き」については、「これまで知らなかった」が小・中・高で6割以上
- 金融庁の施策の方向としては「文部科学省をはじめ教育行政機関との連携を強化すべきである」が、小・中・高いずれでも70%前後で最も多い

- 自由意見
  - 金融、財政など経済の基本にかかわる事項について、我々がゆっくりと授業をしていけない状況にあります（高校・教諭）
  - 進学校のため、入試対策中心となり出題傾向（大学側）を考えながらの指導となるため、十分な指導が出来ない（高校・社会科主任）
  - なぜ「自己責任」に基づく金融商品の主体的な選択・運用が必要になるのかについて、国家として国民にわかりやすい言葉で説明することがこの教育については前提となるものだと考えます。「国家」にとって都合の悪いことでも、まずはっきりとそれを国民に伝えるべきだと考えます。その後ならば学校としても生徒としても危機意識を持ちつつ取り組めると考えます（高校・教諭）

アンケート結果から読み取れることは、学習指導要領が改定されたからといって、現場が直ちに対応し、全国一斉に金融経済教育が実施される状況にないことである。限られた授業時間の中で新しい授業科目を組み込みたくない雰囲気が感じられ、さらには、教えるべき立場の教員の意識・知識・能力も未知数であり、新しい教材の作製も必要となってこよう。

「事はそう単純ではない」のであり、残念ながら、金融経済教育に関しては、"仏作って魂入れず" "笛吹けど踊らず" の状況が当分続くと指摘せざるをえない。

(ⅱ) 動き出した比較情報の提供

自動車保険料自由化後の99年11月、ウェブグループが各社の自動車保険を比較でき、あわせて自分のニーズにあった商品をリストアップできるナビゲーション機能を付与した「保険スクエアbang」の提供に踏み切って以来、00年4月にはソフトバンクグループのインスウェッジ、あるいはイーエフピー（生保商品の比較サイト）が登場するなど、保険業界内で従来からタブーとされていた比較情報の提供を、インターネットの活用という現代的な発想が瞬時に可能としたことは記憶に新しい。

第 5 章　金融自由化とわが国固有の金融風土

　ウェブグループによって全国紙に掲載された「とうとう、自動車保険を比較するバンです」をキャッチコピーとし、「保険のビッグバンの次は、保険選びのビッグバンです。どこの保険がいいか迷う前に、まずインターネットで bang！にアクセスしてみてください。優良保険会社の中から自分にピッタリの自動車保険を比較して選ぶことができます。」と続く保険スクエアバンの広告は、利用者に極めて新鮮な印象を与えたに違いない。

　こうした結果、住友海上（当時）が発表したアンケート結果によれば、「損保の満期更新時、3 人に 1 人が他社商品と比較している」[18]となっており、各社の商品を比較し加入する利用者が目立ち始めたのである。

　今日では資料請求・見積もり・申込書受付と提供するサービスの内容が拡充され、さらには同種サービスを提供する会社が相当数になるなど、インターネットによる比較情報の提供は、とどまるところを知らない動きとなっている。監督官庁・業界公認の動きではないものの、比較情報の提供は確実に定着化の方向を辿っているとみてよい。

　保険業界で始まったインターネットによる比較情報の提供は、隣接業界にもその輪を広げることとなった。たとえば、全国紙が金融各社の営業方針・商品内容・特色等の比較特集を定期的に掲載するようになったことは、その典型例といえよう。

　その具体的内容は、銀行関連では金利水準・各種手数料・顧客選別ルール・コンビニバンクとの提携状況等、証券・投資信託関連では運用方針・ポートフォリオ・売買手数料・売買単位・運用成績等と多岐にわたっており、90 年代までの金融業界では全く考えられなかった事態が進展している。

　金融経済教育が実施・徹底され、利用者が比較情報の内容を正しく理解・判断・決定できるならば、00 年代以降利用者の選択肢は確実に拡大したとみてよいが、両者の連携プレーがいまだにみられないのは、非常に残念である。

　加えて保険業界では、02 年頃から登場した独立系専業乗合代理店による来店型保険ショップの登場もこうした動きを加速したことは間違いない。

　保険制度改革の過程で生保営業職員・代理店の一社専属ルールが緩和さ

れた結果、生損保複数社の乗り合いが可能となり、来店型保険ショップという新しいビジネスモデルが登場したのである。その第1号店は、ライフプラザ・ホールディングスが02年横浜・港北ニュータウンに出店した「住まいと保険のライフプラザ」とされており、来店型保険ショップという新しいビジネスモデルは、すでに10年の実績を有していることとなる。

そのビジネスモデルは、おおむね、FP資格を有する代理店所属の営業職員が、「利用者が希望する加入条件・内容等をヒアリングのうえ、同じ比較条件のもと複数の生損保の商品内容をパソコン画面上に提示しながら最適保険ミックスを提案する」いわゆるコンサルティング・セールスを売り物としている。[20] 来店型保険ショップの運営会社は、生損保合計で30～40社の代理店となっている場合が多く、筆者が把握している限り、その設立母体も保険専業代理店、異業種からの新規参入（伊勢丹・カカクコム等）、既存保険会社（日本・住友・明治安田・富士火災等）と多岐にわたっている。毎年新設・廃止が繰り返されているものの、その店舗数は全国の都市部を中心に1000店に迫る勢いとなっている。

直近の「生命保険に関する全国実態調査」によると、直近加入契約（04-09年度に民保に加入）の加入チャネルでは、生命保険会社の営業職員が68.1%（97年度―92-97年度に加入―対比20.4ポイント減）、通信販売・保険代理店の窓口や営業職員が15.1%（同10.5ポイント増）となっており、その勢いの確かさを窺わせる結果となっている。[21]

また同チャネル別満足度でも、保険代理店の窓口や営業職員が、関連するほとんどの項目で生命保険会社の営業職員を上回る結果となっている。さらに加入時においておよそ3分の1が簡保・共済を含め他社商品と比較したと回答しており、生損保とも商品内容を比較したうえで契約する姿勢が定着しつつあることを示している。

したがって保険業界では、比較情報の事前提供が利用者の選択肢拡大を現実のものとしている実態が浮上してくるわけだが、こうした動きが近い将来隣接業界へ波及することを期待したい。

このように保険業界では、隣接業界に先駆けて比較情報の提供――商品

購入前に複数社の商品内容を比較検討し、自己の保障・補償プランに合致した保険ミックスの購入を意思決定する——が現実のものとなりつつあるわけだが、情報提供が民間主体、それも保険販売に密接なかかわりを持つ代理店中心に実施されていることもあって、利用者保護の観点から利益相反を懸念する意見も散見されている[22]。

　すなわち「コンサルティング・セールス」を売り物としているものの、実質は、利用者が負担する営業保険料に含まれる販売手数料が、より高額な保険商品を組み合わせて勧奨しているのではないか、とする疑念である。契約成立によって、販売手数料を得る代理店と、できるだけ安い保険料で自己に最適な保険ミックスを完成したい利用者との利益相反が起こる可能性が否定できず、最終的には、ベストアドバイス義務あるいは適合性原則との関連まで疑われる余地があると指摘したい。

　ここで、比較情報の提供が当然のこととされているイギリス・アメリカの現状を紹介しておく。

　イギリスでは、募集時の情報開示規制に投資管理経費・手数料を一定ルールのもと開示することが義務づけられている[23]。

　一方、アメリカでは、ニューヨーク州において、04年手数料の増加を狙った保険ブローカーによる不適正販売が表面化している。その後司法当局を含む関係者が議論を重ねた結果、10年に「保険業界の強い反対の中で微修正はあったものの、保険募集の透明性を確保するという目的にそって、保険募集人の報酬開示を顧客の要求に基づき義務付ける旨を主内容とする規則が大方保険局の主張通り採択」[24]されている。

　両国では、利益相反を防止すべく保険募集人の手数料を開示することが義務づけられており、わが国においても同趣旨の措置を早急に導入すべきと提案したい。同時に、利用者の疑念を払拭する意味から、公的機関による比較情報の提供が急務となってこよう。利用者は、公的機関から提供される比較情報を事前に吟味の上、コンサルティング・セールスの場に臨み、手数料を含む営業保険料の水準を考慮しつつ、家族を含む自己の生活パターンに最適な保険ミックスを購入する、ことが望ましいからである。

151

そこで監督当局・業界団体等公的機関あるいは第三者機関による比較情報の提供が急務とされてくるわけだが、ここ数年、遅ればせながら、官民協力のもとルール化を図る・業界ベースでの情報提供を開始する、等の動きが加速していることは、評価できよう。以下に、具体例を紹介しておく。

・06年6月、金融庁の有識者検討会「保険商品の販売勧誘のあり方に関する検討チーム」が取りまとめた「ニーズに合致した商品選択に資する比較情報のあり方」を金融庁が公表
・同年8月、銀行・信用金庫・信用組合等預金取扱金融機関に対し、金融庁が、顧客に誤解を与えない広告表示をするよう要請。あわせて、全国銀行公正取引協議会に対し、自主ルールの見直しとその周知徹底を指示――これは、みずほ銀行の住宅ローン不当表示について公正取引委員会が警告したことをうけての措置
・同年12月、日本損害保険協会が比較広告ガイドライン取りまとめ
・07年4月、金融庁が「保険会社向けの総合的な監督指針」を公表し、比較情報の提供に関する留意点、比較表示を行う主体に関する情報明示の考え方について明確化
・同年7月～08年6月、保険業界三団体（損害保険協会・生命保険協会・外国損保協会）が「みんなが主役・保険商品の比較に関する自由討論会」を4回開催
・08年7月、生命保険協会が生命保険商品検索コンテンツ「生命保険簡単ナビ」を開設
・09年11月、損害保険協会が「加盟17社の自動車保険比較ホームページ」を開設

　現在は、保険業界先行だが、隣接業界に関しても全国紙を中心に比較情報の特集が紙面を賑わすことも多く、金融取引全般に関し比較情報が提供されつつあることは、自由化定着に向けて大きな前進と評価できよう。
　問題は、これまで金融経済教育と無縁であった比較情報の受け手である利用者が、その内容を正しく理解できるかである。

(iii) 芽生えつつある自己責任意識

バブル崩壊が決定的となった90年代中葉以降今日までの間、我々の生活環境は激変に次ぐ激変に見舞われている。

環境激変に関してはすでに多くの識者から指摘されており、繰り返す愚を避けるが、こうした過程で、明治維新以降一貫してわが国金融機関監督のあり方を規定してきた実体的監督主義——それは、官が民を監督する基本的考え方となるわけだが——の綻びが表面化したことを、敢えて指摘したい。

具体的事例をあげれば、大手証券による損失補填事件、金融機関と総会屋との癒着、大蔵省不祥事に代表される官僚接待事件、金融機関不倒神話の崩壊等々に加え、食品表示問題、リコール隠し等が指摘できるわけだが、こうした事例の相次ぐ表面化が90年代前後までわが国官僚制を支えてきた諸々の仕組みが機能しなくなった、あるいは制度疲労を起こしていた事実を白日のもとに晒すこととなった。

国民一人ひとりの日常生活に大きな影響を与える不祥事が相次いで表面化した結果、彼等の官僚制への信任は大きく揺らいだとみてよい。特に、金融機関の相次ぐ不祥事・倒産は、大多数の利用者が「大蔵省が監督しているから、日本の金融機関は安全だ」と思い込んでいただけに、その影響は極めて大きく、さらに、一般事業会社が次々と破産していくなかで、銀行救済のため公的資金を投入したことが、「なぜ、銀行だけ国が救うのか、銀行なら何をやってもよいのか」となり、官僚制への不信を決定的なものとした。

一方、戦後復興期から今日まで常に国際競争に直面していた事業会社を中心とした企業内官僚制には、変化の兆しがみえてきたわけだが、国家官僚制が依然として談合・贈収賄等官僚不祥事を続けるなど、「過去余りにも上手く機能したがゆえに、改革を迫られながら、何一つ改革しようとしない、あるいは自ら改革できない状況」を露呈した結果、国民一人ひとりの行政に対する不信感をより高めたことは否定できず、彼らに「自己責任とは何か」を意識させることとなったのである。

こうしたなか、橋本首相の「日本版ビッグバン」指示後に開催された保険審議会、金融制度調査会が、97年6月それぞれの答申において、同時に利用者サイドの自己責任意識に言及したことは、わが国が欧米諸国と比較し遜色のない金融システムを創造していくにあたり、国民一人ひとりに自己責任意識への理解と徹底を求めたものとして、大いに注目されよう。以下両答申の関連部分を紹介しておく。

〈保険業の在り方の見直しについて―金融システム改革の一環として〉
(平成9年6月13日)
　第1章　総　論
　(1) 利用者の立場に立った制度の構築
　利用者の立場に立って考える場合、利便性の向上を図ることが重要であるが、その際には、何が利用者の真の利益につながるのかという観点からの考慮が必要である。すなわち、利便性の向上につながるものとしては、販売チャネルの多様化により、保険商品にアクセスしやすくなる、価格設定や料率区分の多様化により、商品設計の幅が拡がる、あるいは、よりリスクに見合った保険料で商品が提供されるといったことが考えられるが、その際にも、利用者の真の利益という観点から、利用者にとって本当に役に立つ保険が選択できる、適正なルールの下で安心して保険を購入できるといったことを考慮する必要がある。このように、見直しに当たっては、何が利用者の真の利益につながるのかを常に考慮しながら検討を行った。
　また、見直しの実施に当たっては、利用者の自己責任原則の確立が求められる中で、利用者が自らの利益を守るためには、保険会社による情報開示の充実等による十分な情報提供及び適切な監督行政が必要であるとともに、消費者自らが学べる場・機会の充実を図っていく必要がある。

〈我が国金融システムの改革について―活力ある国民経済への貢献〉
(平成9年6月13日)
　Ⅲ．取り組むべき課題―利用者の選択が的確に反映される市場へ
　2. 市場・取引のインフラ及びルールの整備
　(3) 自由化の進展は、同時に、利用者にとり、多様化・高度化した金融

サービスに伴うリスクとの共存を迫られることを意味する。利用者は、市場参加者として基本的には自己責任原則の下に行動することが求められており、こうした考えについて一層の浸透を図ることが必要であるが、他方、個人が金融機関を利用する場合、その専門知識や損失負担能力には限界もあることに鑑み、適切な利用者保護を講じていくことが必要である。また、利用者が金融商品等の特性を正確に把握することができるよう、適切な情報提供をわかりやすい形で実施していくために一層努力すべきである。

両答申いずれもが、自己責任意識に関し、金融経済教育の充実・比較情報の提供と関連づけて取り上げており、三者が一体のものであることを両審議会が認識していたことがわかる。

ここで 90 年代中葉以降、各方面で散見されるようになってきた自己責任意識を巡るいくつかの動きを紹介しておく。

① 経済社会審議会、10 年頃を目途とした経済社会のあるべき姿として「自立した『個』を基盤とした経済社会」を答申。(99 年 7 月閣議決定)。
② 01 年 4 月、金融商品販売法・消費者契約法施行。
③ 01 年 10 月、確定拠出年金制度（日本版 401K）導入。
④ 03 年 3 月期より、企業の存続にかかわる重要なリスク情報「ゴーイングコンサーン」の開示始まる、04 年 3 月期より、金融庁が有価証券報告書へのリスク情報開示を義務付け。
⑤ 04 年 4 月、消費者政策をこれまでの「保護」から「自立支援」に転換させる改正消費者保護基本法が成立。
⑥ 「機関投資家議案に反対・棄権増える、厚年基金連合会、3 割に反対」。(04 年 6 月 26・30 日付日本経済新聞)

加えて、利用者にも変化が現れてきていることも見逃せない。たとえば、個人金融資産に占めるリスク性資産の増加傾向、個人投資家の増加、インターネットによる金融商品の購入等の動きを認めることができ、さらには各金融業界がタブーとしてきた比較情報の提供を専門的に扱うウェブ

サイトも登場・定着しているのである。

　こうした一連の動向を、自己責任意識と無関係と判断することには無理があり、依然として官僚制の構成員であるとしても、国民一人ひとりに自己責任意識が芽生えつつあるとみることが自然であろう。したがって、金融風土のなかで、最近10年余の間に大きく変革した要素が自己責任に関する利用者一人ひとりの受け止め方であることがわかる。

　金融広報中央委員会が53年から毎年実施している家計の金融資産に関するアンケート調査で、自己責任に関する質問項目がはじめて登場した92年以降の変化をみると、年々自己責任のあり方を厳しく受け止めていることがみてとれる[25]。

　06年には、利用者保護と利用者の自己責任を並列に位置づけた金融商品取引法の成立も追い風となって、こと金融取引に限定して考えれば自己責任意識はかなりの層まで浸透したとみてよい。

　一方、11年3月11日の東日本大震災への政府・東京電力の対応に不信・不満を感じた国民の行動を評して「いまの日本で進行しているのは、すべてが個人の判断と決断にゆだねられる『究極の自己責任社会化』だ。」[26]とする指摘があった。本書で取り上げている自己責任意識は、国民一人ひとりの平常時における日常生活に関してであり、大規模自然災害の発生等国家的非常時への対応まで国民に自己責任を求めることとは、根本的にその発想を異にすることを付記しておく。

[注]

(1)　先行業績として、島村高嘉『わが国金融風土の解明』麗澤大学出版会、平成18年6月、を参照。

(2)　和辻哲郎『風土――人間学的考察』岩波書店、2010年4月、9-20頁。

(3)　増永 嶺、塩津 豊「金融広報中央委員会の活動と高齢化社会」『年金と経済』第25巻第1号、2006年4月、34頁。

(4)　岡崎竜子「金融に関する消費者教育の推進に向けての考え方と取組み」『金融財政事情』2002年6月17日号、37頁。

第 5 章　金融自由化とわが国固有の金融風土

(5) 詳しくは、『欧米における消費者保護に向けた保険教育・情報提供および相談・苦情対応』損害保険事業総合研究所、2007 年 3 月、平岡久夫「米国・英国の金融・投資教育――日本が学ぶべきもの」『証券レビュー』第 42 巻第 9 号、日本証券経済研究所、2002 年 9 月、金田幸二「米英における若年層に対する金融教育――保険教育を中心にして」『損保総研レポート』第 69 号、損害保険事業総合研究所、2004 年 9 月を参照。
(6) 平岡文夫、前掲論文、3 頁。
(7) 金田幸二、前掲論文、3 頁。
(8) 『欧米における消費者保護に向けた保険教育・情報提供および相談・苦情対応』前掲書、110 頁。
(9) 同上、16-7 頁。
(10) 詳しくは、奥村洋彦『現代日本経済論』前掲書、を参照。
(11) 同上、175-6 頁。
(12) 原文では、50 年 1 月設立となっているが、『生命保険文化センター設立 30 年記念「この 10 年のあゆみ――活動小史」』2006 年 12 月、には 51 年 1 月設立と記述されていることから、本書でも 51 年設立と記載した。
(13) 水谷三公『日本の近代 13　官僚の風貌』中央公論新社、1999 年 8 月、351 頁。
(14) 菊池城司『近代日本の教育機会と社会階層』東京大学出版会、2003 年 1 月、38 頁。
(15) M・ウェーバー『支配の社会学　1』(世良晃志郎訳) 創文社、1960 年 7 月、27 頁。
(16) 2003 年 10 月 15 日付日本経済新聞。
(17) 詳しくは、『初等中等教育段階における金融経済教育に関するアンケート』調査結果報告書、金融庁総務企画局政策課、04 年 3 月、を参照。
(18) 2000 年 7 月 24 日付日本経済新聞。
(19) 石井秀樹「保険業界の現状と動向について～チャネルの変化を中心に～」『共済と保険』、日本共済協会、2009 年 10 月、28 頁。
(20) 2007 年 2 月 25 日付日本経済新聞。
(21) 『平成 21 年度　生命保険に関する全国実態調査』前掲書。
(22) 2007 年 2 月 23 日付毎日新聞。
(23) 詳しくは、古瀬政敏「米英における生命保険の募集時の情報提供規制――コスト開示を中心に」『文研論集』第 92 号、生命保険文化研究所、1990 年 9 月、を参照。
(24) 小松原章「米国保険募集規制の最新動向」『インシュアランス (生保版)』第 4389 号、2010 年 9 月、6 頁。
(25) 直近調査として、10 年実施の「家計の金融行動に関する世論調査」参照。
(26) 2011 年 6 月 17 日付神戸新聞。

第**6**章

金融経済教育の充実を目指して
おわりにかえて

　以上の考察から、わが国の金融風土変革が、いまだに道半ば——というよりも"その緒に就いたばかり"が現状をより的確に表現しているかもしれない——であることがわかる。97年の保険審・金制調答申が利用者の自己責任意識について、比較情報の提供あるいは金融経済教育の実施と関連して指摘している通り、わが国固有の金融風土を構成する三要素をそれぞれ単独で変革することは極めて難しいと判断せざるをえない。
　たとえば、
　　① 中・高・大の10年間に金融経済教育を満足に受講していない学生・社会人が多く、そのために自己責任意識が徹底しないのか、比較情報の重要性が理解できないのか、
　　② 自己責任意識が希薄なために、金融経済教育の充実や比較情報の提供を要求しないのか、
　　③ 比較情報が提供されないから、金融経済教育の必要性に気づかなかった、あるいは自己責任で金融商品を選択する習慣が身についていなかったのか、
等々、何がポイントかを考えれば切りがなくなり、議論をすれば堂々巡りに終始しよう。しかしながら、これまでの考察によって金融風土変革の重要要素として、金融経済教育の充実・比較情報の提供・自己責任意識の徹底が浮かび上がってくることは、誰も否定できないと考えてよい。
　さらに我々は、わが国固有の金融風土を構成するこうした重要要素の底辺に、わが国特有の官僚制の存在が隠されていることを指摘できる。すな

わち、戦後の経済復興とその後の成長が余りにも上手く進行し、瞬く間に90年代を迎えてしまったため、国民一人ひとりの自立・成長よりも、官僚制の維持と経済成長を重視してしまい、金融経済教育・比較情報・自己責任意識など全く関係ない日本社会を創造してしまったのである。

それでは官僚制の徹底は、わが国資本主義の発展過程においてマイナスにのみ作用したのであろうか。筆者が認識している官僚制の功罪は、以下の通りである。

まず"功の部分"は、徳川から明治への過程で、わが国の植民地化を阻止したことであり、さらには、その後の近代化あるいは戦後復興において他国に例をみない類稀なる役割を発揮したことである。

一方、"罪の部分"は、官僚制が余りにも上手く機能したために、その存在を万能と思い込み、変革の努力を怠ったことである。

生保業界を例にとり、官僚制の功罪を検証してみよう。

"功の部分"は、資本主義経済・社会を支える制度の一つとして「上から移植された近代生命保険制度」を、世界一の普及率を誇る水準にまで普及させたことである。

こうした過程で生じた"罪の部分"とは、いかなるものであったのか。

60年代から他業態に先駆けて契約者配当の自由化に踏み切った生保業界であったが、第2章で詳述した通り、その公表にあたっては、『銀行局金融年報』（各年版）が選択され、さらに個別会社名を伏せた公表方式が採用されていた。このため、利用者——この場合は、契約者および見込客となる——には、ほとんど目に触れることのない、仮に目に触れたとしてもその実態を理解できない状態が続いていたのである。まさに官民一体の日本的自由化であったといってよい。

大蔵省（当時）の公表資料からは、84～90年の間全生保会社が、その水準にバラツキはあったものの、三利源の全てで配当を実施していたことがわかる。したがってこの時期は、各社別に配当実績を公表しうる時期でもあった。当然その結果として、配当実績が劣後した会社では新契約の減少、解約・失効の増加が想定されたわけだが、監督当局が○年後から公表

第6章　金融経済教育の充実を目指して

すると各社経営陣に通知——当局得意の行政指導——すれば、自ずと各社各様の経営特化を目指す動きが生じたであろうことは 98 年以降の損保業界をみれば容易に想像できる。同時に契約者無視・経営意思重視の無意味な保有契約高・総資産残高競争にも歯止めがかかったとみてよい。まさに、利用者の選択肢拡大につながる自由化となり、生保営業職員と利用者との関係も全く違った側面をみせたと考えられよう。

　生保会社に勤務経験のある筆者でも、当時の公表方式からは、個別会社の配当実績を読み取ることが不可能であったことを考慮すれば、一般の利用者にすればなおさらであろう。97 年の日産生命を皮切りに生保会社の経営破綻が相次いだわけだが、「配当実績を承知したうえで A 社の保険を契約した」と「大蔵省が監督しているからどの生保も一緒と思い込み、営業職員の勧めるままに A 社と契約した」とでは、経営破綻の影響に天と地ほどの開きがあることは、当然である。

　さらに、生保業界が契約者配当の各社別実績の公表に踏み切れば、その影響は瞬時に隣接業界に及ぶという二次的効果も期待できたに違いない。となればわが国の金融業界も、80 年代後半にはその姿を大きく変貌させていたであろうし、銀行が不動産融資に血道をあげることもなかったかもしれない。この時期は、わが国金融業界全体が、破竹の快進撃を遂げていた時期であり、金融各社の収益水準から判断すれば、欧米流の金融自由化が可能な時期であったことも、こうした見方を裏づけよう。

　しかしながら、現実は、100 年余の間継続してきた官民合作の生保経営システムを過信し、従来型の業界秩序の維持に終始した結果、"生保離れ"を出来させたことは、否定し難い事実である。不良債権に象徴される金融危機にあえぎ、公的資金の投入によって生き長らえた銀行業界も同様とみてよい。極論すれば、監督官庁と生保業界のみならず全金融業界が、自らの判断により自由化を先送りし、その結果一様に経営危機を招来したのである。まさに筆者が指摘したい"罪の部分"である。

　ここで官僚制の功罪を念頭に、改めてわが国金融自由化の経緯・変遷を振り返ってみると、二つのタイプに分類できることがわかる。

161

一方は、生保・銀行・証券各業界にみられた金融自由化（官民合作の官僚制主導型）であり、クローズされた自由化といえる。特に生保業界のケースでは、あまりにも管理され・クローズされた自由化が実施された結果、生命保険商品の選択に関し利用者の自己責任意識が有効に機能したとは思えず、逆に彼等の自己責任意識の醸成を先送りし続けたと指摘されても反論しにくい。さらに比較情報提供の重要性をも否定し、最終的には第④分野自由化の徹底を阻害する結果を残したとみる方が自然である。

　他方は、損保業界の金融自由化（自己責任意識重視型）である。日米保険協議の進行・結着から自由化完了まで、マスコミがその逐一を報道した自由化が実施された。連日繰り返されるテレビ広告や、比較情報の提供を可能としたウェブサイトの登場等、この流れはオープンな自由化であった。その結果、自動車保険を例にとれば、販売件数の増加、1件あたり保険料の低下、普及率の向上がなされたわけであり、まさに利用者の自己責任意識を重視した自由化であったといってよい。

　金融4業態の自由化いずれをみても、そのスタートが当局主導型であることは、長年にわたって実体的監督主義が有効に機能してきたわが国では、やむをえないことといえようが、その後どのタイプで自由化を推進したかによって、結果が大きく変わったことを重視したい。たとえば、銀行・損保両業界において、過去数年間に顕著となった合併も、その意味するところは全く異なっていたと指摘できる。

　わが国における第④分野の自由化では、そのトップバッターを務めた生保業界と、ラストランナーを務めた損保業界の間には、官主導による自由化という共通点をその出発点としつつも、その後の展開過程においては、比較情報の提供の有無、さらには行政関与のあり方に大きな相違点が指摘できることに留意すべきである。にもかかわらず、生損保両業界が――それも、自由化対応の先輩であるべき外資系会社も含めて――保険金不払い問題を出来させたことは、極めて遺憾であり、保険金不払い問題は、形だけの自由化の怖さと弊害が如実に現れた問題であったと指摘したい。

　金融自由化、なかでも第④分野の自由化を定着させるためには、金融先

第6章　金融経済教育の充実を目指して

進国であるドイツ・イギリス・アメリカ各国と同様わが国においても、金融経済教育の充実・比較情報の提供・自己責任意識の徹底が不可欠であることは、論を待たない。

　わが国が自由化を決意した時点で、政府・監督当局がわが国固有の金融風土を冷静に分析し、その変革を国家政策として導入すべきであったと考えるのは筆者一人ではないであろう。百歩譲って自由化の技術的側面については欧米流を受け入れざるをえなかったとしても、利用者一人ひとりの意識・価値観等精神的側面については、わが国の特殊性を踏まえた政策的配慮が必要であり、同時に当局自らが、特殊性イコール後進性ではないことを強力に主張すべきであった。

　たとえば、「日本版ビッグバン」指示後に開催された保険審議会が97年に指摘した通り、保険制度改革が実施された90年代中葉から並行して金融風土改革に注力していれば、必然的に契約者自身が商品内容を比較検討のうえ加入することとなり、経営陣が意図的に保険金不払いを実行したケースを除き、保険金不払いに関するかなりのケースが生じなかったと考えられるからである。

　保険金（給付金・解約返戻金を含む）の不払い問題は、05年の明治安田生命による「意図的不払い」の発覚が端緒となったわけだが、その後の金融庁調査により、06年には損保ジャパン・三井住友海上等による「不適切な不払い」が表面化するなど、最終的には生損保合わせて64社、186万件、1443億円におよぶ、保険業界の一大不祥事となったことは記憶に新しい。したがって、保険会社の存在意義・あるいは社会的責任につながるリスクの引き受けを、意図的に免れようとした関係各社が、その責任を全うするのは当然であろう。

　しかしながら、当局が公表したその内訳をみると、新商品開発部門と事務管理部門との連携ミスによる「支払漏れ」と、保険会社からの請求案内漏れおよび契約者からの請求漏れが合体した「請求漏れ」の両者合計が、185万件、1355億円と大多数を占めていたことがわかる。

　当時のマスコミは、保険会社性悪説に立ち、全件が「意図的不払い」「不

適切不払い」のごとき報道を繰り返していたわけだが、本書では敢えて、監督官庁である金融庁にも責任の一端があったと指摘したい。

　たとえば、新商品の開発・販売とオンラインシステムによる支払管理が連動せず、保険金不払いが発生したケースについて考えてみよう。当然のことながら、連動しないシステムを放置したまま新商品を販売した保険会社に第一義の責任が生じ、また届出を受理する際の当局の杜撰な審査のあり方が責任を問われることも間違いない。加えて、94年5月開催の第7回基本問題部会において、事務当局が配布した「論点メモ」には、その末尾に「諸改革を進めるに当たっては、消費者の利益という観点からの施策が必要であり、例えば、十分な情報提供や消費者教育が今後ますます重要となるのではないか。」と記述されている。当局指摘の通り具体的支援策が実施されていれば、「意図的不払い」「不適切不払い」を除き事態は異なる方向へ進んでいたのでは、と考える。しかしながら、第5章に詳述したように、具体的支援策を当局が実施することはなく「論点メモ」もアリバイ作りにすぎなかったのである。

　一方、長年にわたる利用者の保険加入の実態からすれば、保険制度改革あるいは損害保険料の自由化後とはいえ、大多数の契約者が保険金・給付金の請求・支払いに関し保険会社——実態は、営業職員・代理店——に丸投げの状態であったことは容易に想像がつく。それだけに、契約者にしかるべき時期から金融経済教育を受講する機会を提供し、さらに第三者機関による比較情報の公表に踏み切っていれば、彼等が家族も含めた自己の生活パターンに合致した"賢い保険加入"を心掛けるようになり、多くの契約者が保険金・給付金請求にあたっても、保険証券・約款を読みながら請求した、と想定できよう。

　すなわちわが国固有の金融風土を何ら変革することなく金融自由化に踏み切った行政手法そのものが、問題をより拡大させたのである。

　さらに、金融風土の変革がせめて金融自由化と同時に実行されていれば、確定拠出年金の運用においても、長期投資のメリットを加入者が理解することとなり、リスク性資産のウエイトはさらに上昇していたであろう

し、銀行窓口での投信販売を巡るトラブルも、その多くが元本保証の有無に関するものであるだけに、大部分は防げたのではないかと考える。

　自由化と自己責任は対極の関係にある、と指摘されて久しいが、それはあくまでも、金融経済教育が実施され、比較情報を判断できる利用者に対して用いられるべき表現である。何も実施されていない状況下で、当局・業界から"自由化しました。後は、自己責任です。"と突然宣言されても、利用者が困惑・混乱する、あるいはかえって不利益を被ることを、昨今まで続く数々の金融トラブルが証明している。

　それだけに、金融自由化、なかでも第④分野の自由化を定着させるためには、わが国固有の金融風土の変革が不可欠と結論づけられることは間違いない。

　前章で考察した通り、ここ10年余の間に、自己責任意識の浸透が認められ、比較情報の提供に関しても、海外事例と比較し物足りなさは否めないものの、前進と認められる動きがあることを、取り敢えず評価したい。一方全く進展していないのが金融経済教育の実施であることは、否定できない。それだけに官民一体となって金融経済教育をいかに実施・充実していくかが、喫緊の政策課題として浮上してこよう。

　同時に、利用者にあっても、保険会社の倒産・経営破綻あるいは保険金不払い問題で被った不利益を忘れることなく、自己責任意識のさらなる向上に努めることが肝要となってくることも、また当然である。

　金融当局が、一方で金融自由化を政策的に意思決定しておきながら、他方で"賢いお上と暗愚の大衆"という図式にこだわり、利用者に対する教育を怠っていたとすれば、本末転倒である。特に橋本首相（当時）の「日本版ビッグバン」指示から15年余が経過したにもかかわらず、金融経済教育が実質的には全く実行されていない現実に、唖然とさせられる。行政の怠慢・縦割り行政の弊害以外の何物でもないといってよい。

　いかに比較情報が提供されようが、必要・最低限の金融関連知識・金融取引ルール等が理解できていなければ、自身の生活に合致した選択をすることなど不可能であり、適合性原則など絵にかいた餅である。ましてや自

分で決定できないことに責任を求めることなど、絵空事といわざるをえない。

　金融風土変革を先送りした"ツケ"と結論づけるのは簡単だが、金融自由化もほぼ完了といわれている今日、現状継続を容認することは、国民経済的にみて大きなマイナスとなることは、論を待たない。

　ただし前章で指摘したとおり、ほとんど素地のない所に拙速で金融経済教育を実施しても効果が現れるとは思えない。金融庁と文部科学省との役割調整、官民の役割分担、中・高・大における教育レベルの設定、教科書の作成・人材の育成等未解決の課題が余りにも多いからであり、さらにこうした諸課題を学生・社会人・年金生活者等層別に区分して解決していくことも求められてこよう。

　まず実施すべきは、次代を担う若者達を対象とした教育である。学生層に関する課題のうち、金融庁・文部科学省の連携プレーによる高大連携教育の活用によって、かなりの部分が解決できると考える。大学進学率が高まったとはいえ、まだ半数近い高校生が社会人となっている現状、あるいは確定拠出年金制度採用企業・加入者の増加状況等を重視すれば、高校卒業までに金融経済教育を受講することは必須要件である。大学に所属する金融系の教員と公民・現代経済担当の高校教諭によるオムニバス講座の開設を提案したい。

　一方大学では、生活金融論・生活設計論・パーソナルファイナンス論等の専門担当者が所属している大学・学部は少数派であり、大多数の大学では、従来からある銀行論・証券論・保険論等が縦割りで講座を構成しているのが現状である。金融経済教育は先述した通り縦割りというよりも各分野を網羅したうえで考える力・生きる力を養う教育である。専門家の早期育成が待たれるところであるが、各分野の専門家がオムニバス形式で講座を新設しても十分対応可能と思われる。

　また金融系の講座を開設していない文系大学・学部、短期大学等あるいは医学系・看護系・薬学系等金融経済教育とは無関係とみえる大学も多いわけだが、いずれの卒業生も社会人となることは変わらない。こうした大

学では、同一地域内での単位互換制度の活用あるいは周辺大学と役割分担のうえ講座を開設する等、対応を可能とする方途はいくらでも見つけられよう。

さらには、金融経済教育の講座開設を大学教育における教養課程に義務つける英断を文部科学省に期待したい。要は、当局の考え方次第である。

金融自由化を国民各層により定着させるためには、金融機関の経営状況・商品内容・取引ルール等を理解する最低限の金融知識と判断能力が必要なことは当然であり、それらを提供することは、国家の責務である。

明治6年福澤諭吉は、その著『学問のすすめ』三編において、「一身独立して一国独立する事」と論じたが、140年弱経過した今日でも、国民の生活状況が相変わらずの"国頼み"ではあまりにも情けない。

金融経済教育の充実が国家と国民の関係を変化させ、国民一人ひとりの自立につながることを期待する次第である。

巻末資料

利源別配当率分布状況

ここでは、監督当局が1969年から93年まで（98年は未公表）『銀行局金融年報』（各年版）誌上に公表した利源別配当率分布状況、具体的には各年度の利差・死差・費差配当それぞれの実績別会社数について、第2章で紹介済みの69年を除き、70年以降を収録した。収録にあたっては、配当自由化に関する当局のスタンスが記載されている部分については、関連するコメントも含め原文通り収録した。なお、各年毎の末尾（　）内に、発行年度：頁を表記した。

〈昭和45年度配当〉

44年度決算に基づく契約者配当率の決定に際しては、
　① 画一的規制を是正し競争のための環境を整備していくこと（44.5.13 保険審議会答申）
　② 具体的には経営状況を反映した契約者配当を行うこと
　の基本方針が確認された。〔以下略〕

（イ）利差配当率
　　　　4.3％を採用した会社　　　　　　1 社
　　　　4.0％を採用した会社　　　　　 16 社
　　　　3.8％を採用した会社　　　　　　1 社
　　　　3.7％を採用した会社　　　　　　1 社
　　　　3.6％を採用した会社　　　　　　1 社

（ロ）死差配当率（第10回表　養老保険有診査契約　40歳の場合）
　　　　対千　1.59円を採用した会社　　18 社
　　　　対千　1.21円を採用した会社　　 2 社

（ハ）費差配当率
　　　　対千　0.35円を採用した会社　　 6 社
　　　　対千　0.25円を採用した会社　　 6 社
　　　　対千　0.20円を採用した会社　　 1 社
　　　　費差配当を行なわない会社　　　 7 社　（S45：302-3）

〈昭和46年度配当〉
(1) 利差配当率
　　　4.3%を採用した会社　　　　　　1社
　　　4.0%を採用した会社　　　　　　18社
　　　3.7%を採用した会社　　　　　　1社
(2) 死差配当率（前年度に同じ）
　　　対千　1.59円を採用した会社　　19社
　　　対千　1.21円を採用した会社　　1社
(3) 費差配当率
　　　対千　0.50円を採用した会社　　5社
　　　対千　0.35円を採用した会社　　1社
　　　対千　0.25円を採用した会社　　6社
　　　対千　0.20円を採用した会社　　1社
　　　対千　0を採用した会社　　　　7社（S46：313-4）

〈昭和47年度配当〉
　46年度決算に基づく契約者配当については、45年度に行なわれた弾力化の措置を引き継ぐこととし、各社の実行配当率の格差は次のようにいちだんと拡大するに至った。
(1) 利差配当
　（イ）通常配当
　　　4.1%を採用した会社　　　　　　1社
　　　4.0%を採用した会社　　　　　　18社
　　　3.7%を採用した会社　　　　　　1社
(2) 死差配当（前年度に同じ）
　　　対千　1.59円を採用した会社　　19社
　　　対千　1.30円を採用した会社　　1社
(3) 費差配当
　　　対千　0.50円を採用した会社　　6社
　　　対千　0.25円を採用した会社　　6社（S47：343-4）

〈昭和48年度配当〉
　47年度決算に基づく契約者配当についての基本的考え方は、第1編特記事

項第5章第5節生命保険の「契約者配当および料率の弾力化」で述べたとおりである。(注1)

(1) 利差配当（利差配当計算用責任準備金に対して）
　（イ）通常配当率
　　　4.1％を採用した会社　　　　　　　1 社
　　　4.0％を採用した会社　　　　　　　19 社
　　　その他の会社　　　　　　　　　　1 社
(2) 死差配当（養老保険、第10回表、40歳加入、有診査契約の危険保険金に対して）
　　　1000円につき1.59円を採用した会社　20 社
　　　1000円につき1.30円を採用した会社　1 社
(3) 費差配当（保険金に対して）
　　　1000円につき0.50円を採用した会社　6 社
　　　1000円につき0.25円を採用した会社　6 社
　　　「なし」とした会社　　　　　　　9 社

(注1) 47年度決算においては、引き続きその弾力化を進める方針のもとに、通常配当においては、三利源別の配当率を各社が自主的に決定しうることとするとともに、利差配当の財源として、一定の制限のもとに財産の売却益を用いることができることとした。〔以下略〕（S48：76）　　　　（S48：337）

〈昭和49年度配当〉

48年度決算に基づく契約者配当についての基本的考え方は、第1編第8章第3節生命保険で述べたとおりである。(注2)

(1) 利差配当（前年度に同じ）
　（イ）通常配当
　　　4.1％を採用した会社　　　　　　　1 社
　　　4.0％を採用した会社　　　　　　　19 社
　　　その他の会社　　　　　　　　　　1 社
(3) 死差配当（前年度に同じ）
　　　1000円につき1.60円を採用した会社　17 社
　　　1000円につき1.59円を採用した会社　2 社
　　　1000円につき1.57円を採用した会社　1 社
　　　1000円につき1.53円を採用した会社　1 社

(4) 費差配当（前年度に同じ）
　　　1000円につき0.50円を採用した会社　　6　社
　　　1000円につき0.25円を採用した会社　　6　社
　　　未実施の会社　　　　　　　　　　　　9　社
(注2) 48年度決算における契約者配当の特色として次のような点があげられ、個別化方向はより強まってきている。〔以下略〕(S49：121)　　(S49：347-8)

〈昭和50年度配当〉
　49年度決算に基づく契約者配当の特徴については、「第1編第7章第4節契約者配当の充実」で述べたとおりであるが(注3)、それらの結果、個人保険（養老保険例）では次のような契約者配当率の分布となっており、生保会社間の契約者配当における格差はますます拡大するに至った。
(1) 利差配当（前年度に同じ）
　（イ）通常配当（毎年配当）
　　　4.5％を採用した会社　　　　　　　1　社
　　　4.4％を採用した会社　　　　　　　16　社
　　　4.2％を採用した会社　　　　　　　1　社
　　　4.0％を採用した会社　　　　　　　3　社
(3) 死差配当（第10回生命表、40歳例）
　（イ）有診査契約（危険保険金に対して）
　　　1000円につき1.85円を採用した会社　　1　社
　　　1000円につき1.75円を採用した会社　　18　社
　　　1000円につき1.66円を採用した会社　　1　社
　　　1000円につき1.60円を採用した会社　　1　社
(4) 費差配当（保険金にたいして）
　　　1000円につき0.50円を採用した会社　　6　社
　　　1000円につき0.25円を採用した会社　　5　社
　　　未実施の会社　　　　　　　　　　　　10　社
(注3) なお、契約者配当の配当率は、各社の経営実績をもとに自主的に決定されるべきであるという当局指導と、競争原理の導入促進により経営の実績を契約者配当に正しく反映させよという消費者の声と相まって、契約者配当の個別化傾向は一段と強まってきている（S50：104）。　　(S50：327)

〈昭和51年度配当〉

養老保険の契約者配当例で配当率の分布をみれば、次のようになっており、特徴といったものが打ち出されていなくとも、生保会社間の契約者配当における金額格差は前年度に比しさらに拡大するに至っている。

(1) 利差配当（前年度に同じ）
　（イ）通常配当（毎年配当）
　　　　4.5％を採用した会社　　　　　　　　1　社
　　　　4.4％を採用した会社　　　　　　　　15　社
　　　　4.2％を採用した会社　　　　　　　　1　社
　　　　4.0％を採用した会社　　　　　　　　3　社
(3) 死差配当（第10回生命表、40歳例）（毎年配当）
　（イ）医的診査契約（危険保険金に対して）
　　　　1000円につき1.90円を採用した会社　15　社
　　　　1000円につき1.87円を採用した会社　2　社
　　　　1000円につき1.75円を採用した会社　1　社
　　　　1000円につき1.66円を採用した会社　1　社
　　　　1000円につき1.60円を採用した会社　1　社
(4) 費差配当（保険金に対して）（毎年配当）
　　　　1000円につき0.50円を採用した会社　8　社
　　　　1000円につき0.25円を採用した会社　3　社
　　　　未実施の会社　　　　　　　　　　　9　社　(S51：331-2)

〈昭和52年度配当〉

養老保険の契約者配当例で配当率の分布をみると次のようになっているが、前年度に比し、さらに個別化が進んでおり、配当金格差についても拡大している。

(1) 利差配当（利差配当用責任準備金に対して）
　　　　4.5％＋0.06〜1.3％を採用した会社　1　社
　　　　4.4％＋0.06〜1.3％を採用した会社　15　社
　　　　4.2％＋0.05〜1.0％を採用した会社　1　社
　　　　4.0％＋0.07〜1.5％を採用した会社　1　社
　　　　4.0％を採用した会社　　　　　　　　2　社
(3) 死差配当（第10回生命表、40歳、男子の例）

（イ）医的診査契約（危険保険金に対して）
　　　　1000 円につき 2.05 円を採用した会社　　15 社
　　　　1000 円につき 1.98 円を採用した会社　　 1 社
　　　　1000 円につき 1.90 円を採用した会社　　 2 社
　　　　1000 円につき 1.75 円を採用した会社　　 1 社
　　　　1000 円につき 1.66 円を採用した会社　　 1 社
（4）費差配当（保険金に対して）
　　　　1000 円につき 0.50 円を採用した会社　　 8 社
　　　　1000 円につき 0.25 円を採用した会社　　 3 社
　　　　未実施の会社　　　　　　　　　　　　　 9 社　（S52：310）

〈昭和 53 年配当〉

　養老保険の契約者配当例で配当率の分布をみると次のようになっているが、前年度に比し、さらに個別化が進んでおり、配当金格差についても拡大している。

（1）利差配当（前年度に同じ）
　　　　4.3% + 0.06～1.3% を採用した会社　　 1 社
　　　　4.2% + 0.06～1.3% を採用した会社　　10 社
　　　　4.1% + 0.06～1.3% を採用した会社　　 2 社
　　　　4.0% + 0.06～1.3% を採用した会社　　 3 社
　　　　3.9% を採用した会社　　　　　　　　　 1 社
　　　　3.8% + 0.05～1.0% を採用した会社　　 1 社
　　　　3.8% + 0.01～0.2% を採用した会社　　 1 社
　　　　3.8% を採用した会社　　　　　　　　　 1 社
（3）死差配当（第 10 回生命表、40 歳、男子の例）
　（イ）医的診査契約（危険保険金に対して）
　　　　1000 円につき 2.05 円を採用した会社　　15 社
　　　　1000 円につき 1.98 円を採用した会社　　 1 社
　　　　1000 円につき 1.90 円を採用した会社　　 2 社
　　　　1000 円につき 1.75 円を採用した会社　　 1 社
　　　　1000 円につき 1.71 円を採用した会社　　 1 社
（4）費差配当（満期保険金に対して）
　　　　1000 円につき 0.50 円を採用した会社　　 8 社

1000 円につき 0.25 円を採用した会社　　1 社
未実施の会社　　　　　　　　　　　　　11 社　(S53：344-5)

〈昭和 54 年度配当〉
(1) 利差配当（前年度に同じ）
　　　4.1％＋0.06～1.3％を採用した会社　　1 社
　　　4.05％＋0.06～1.3％を採用した会社　10 社
　　　3.9％＋0.06～1.3％を採用した会社　　1 社
　　　3.85％＋0.06～1.3％を採用した会社　 3 社
　　　3.85％を採用した会社　　　　　　　　1 社
　　　3.6％＋0.06～1.3％を採用した会社　　1 社
　　　3.6％＋0.05～1.0％を採用した会社　　1 社
　　　3.6％＋0.01～0.2％を採用した会社　　1 社
　　　3.6％を採用した会社　　　　　　　　　1 社
(3) 死差配当（第 10 回生命表、40 歳、男子の例）
　（イ）医的診査契約（危険保険金に対して）
　　　1000 円につき 2.15 円を採用した会社　14 社
　　　1000 円につき 2.05 円を採用した会社　 4 社
　　　1000 円につき 1.90 円を採用した会社　 1 社
　　　1000 円につき 1.75 円を採用した会社　 1 社
(4) 費差配当（満期保険金に対して）
　　　1000 円につき 0.50 円を採用した会社　 8 社
　　　1000 円につき 0.25 円を採用した会社　 1 社
　　　未実施の会社　　　　　　　　　　　　11 社　(S54：377-8)

〈昭和 55 年度配当〉
(1) 利差配当（前年度に同じ）
　　　4.1％＋0.06～1.3％を採用した会社　　1 社
　　　4.05％＋0.06～1.3％を採用した会社　10 社
　　　3.9％＋0.06～1.3％を採用した会社　　1 社
　　　3.85％＋0.06～1.3％を採用した会社　 3 社
　　　3.85％を採用した会社　　　　　　　　1 社
　　　3.6％＋0.06～1.3％を採用した会社　　1 社

3.6％＋0.05～1.0％を採用した会社　　　1 社
3.6％＋0.01～0.2％を採用した会社　　　1 社
3.6％を採用した会社　　　　　　　　　1 社
(3) 死差配当（第 10 回生命表、40 歳、男子の例）
　(イ) 医的診査契約（危険保険金に対して）
　　　1000 円につき 2.15 円を採用した会社　14 社
　　　1000 円につき 2.05 円を採用した会社　 4 社
　　　1000 円につき 1.90 円を採用した会社　 1 社
　　　1000 円につき 1.75 円を採用した会社　 1 社
(4) 費差配当（満期保険金に対して）
　　　1000 円につき 0.50 円を採用した会社　 8 社
　　　1000 円につき 0.25 円を採用した会社　 1 社
　　　未実施の会社　　　　　　　　　　　　11 社　(S55：308-9)

〈昭和 56 年度配当〉
(1) 利差配当（前年度に同じ）
　　　4.20％＋0.06～1.3％を採用した会社　　13 社
　　　4.20％を採用した会社　　　　　　　　 1 社
　　　4.00％＋0.06～1.3％を採用した会社　　 2 社
　　　3.75％＋0.06～1.3％を採用した会社　　 1 社
　　　3.75％＋0.05～1.0％を採用した会社　　 1 社
　　　3.75％＋0.01～0.2％を採用した会社　　 1 社
　　　3.75％を採用した会社　　　　　　　　 1 社
(3) 死差配当（第 10 回生命表、40 歳、男子の例）
　(イ) 医的診査契約（危険準備金に対して）
　　　1000 円につき 2.20 円を採用した会社　15 社
　　　1000 円につき 2.13 円を採用した会社　 3 社
　　　1000 円につき 2.05 円を採用した会社　 1 社
　　　1000 円につき 2.02 円を採用した会社　 1 社
(4) 費差配当（満期保険金に対して）
　　　1000 円につき 0.90 円を採用した会社　10 社
　　　1000 円につき 0.65 円を採用した会社　 7 社
　　　1000 円につき 0.15 円を採用した会社　 2 社

　　　　未実施の会社　　　　　　　　　　　　1 社（S56：407-8）

〈昭和57年度配当〉
(1) 利差配当（前年度に同じ）
　　　　4.20％＋0.06〜1.3％を採用した会社　　14 社
　　　　4.20％＋1.1％を採用した会社　　　　　 1 社
　　　　4.00％＋0.06〜1.3％を採用した会社　　 1 社
　　　　3.75％＋0.06〜1.3％を採用した会社　　 1 社
　　　　3.75％＋0.05〜1.0％を採用した会社　　 1 社
　　　　3.75％＋0.01〜0.2％を採用した会社　　 1 社
　　　　3.75％を採用した会社　　　　　　　　　 1 社
(3) 死差配当（第10回生命表、40歳、男子の例）
　（イ）医的診査契約（危険保険金に対して）
　　　　1000円につき2.20円を採用した会社　　15 社
　　　　1000円につき2.15円を採用した会社　　 1 社
　　　　1000円につき2.13円を採用した会社　　 3 社
　　　　1000円につき2.02円を採用した会社　　 1 社
(4) 費差配当（満期保険金に対して）
　　　　1000円につき0.90円を採用した会社　　10 社
　　　　1000円につき0.65円を採用した会社　　 7 社
　　　　1000円につき0.15円を採用した会社　　 2 社
　　　　未実施の会社　　　　　　　　　　　　 1 社（S57：310-1）

〈昭和58年度配当〉
(1) 利差配当（前年度に同じ）
　　　　4.25％＋0.06〜1.3％を採用した会社　　15 社
　　　　4.25％＋1.1％を採用した会社　　　　　 1 社
　　　　3.90％＋0.06〜1.3％を採用した会社　　 1 社
　　　　3.80％＋0.05〜1.0％を採用した会社　　 1 社
　　　　3.80％＋0.01〜0.2％を採用した会社　　 1 社
　　　　3.80％を採用した会社　　　　　　　　　 1 社
(3) 危険保険金比例配当（第1回全会社表、35歳、男子の例）
　（イ）医的診査契約（危険準備金に対して）

   1000 円につき 1.20 円を採用した会社　　16 社
   1000 円につき 1.17 円を採用した会社　　 1 社
   1000 円につき 1.13 円を採用した会社　　 2 社
   1000 円につき 1.01 円を採用した会社　　 1 社
(4) 費差配当（満期保険金に対して）
   1000 円につき 1.10 円を採用した会社　　10 社
   1000 円につき 0.85 円を採用した会社　　 3 社
   1000 円につき 0.75 円を採用した会社　　 1 社
   1000 円につき 0.65 円を採用した会社　　 3 社
   1000 円につき 0.15 円を採用した会社　　 2 社
   未実施の会社　　　　　　　　　　　　　 1 社（S58：追補）

〈昭和 59 年度配当〉

(1) 利差配当（前年度に同じ）
   4.25 + 0.06 ～ 1.3 %を採用した会社　　15 社
   4.25 + 1.1 %を採用した会社　　　　　　 1 社
   4.05 + 0.06 ～ 1.3 %を採用した会社　　 1 社
   3.90 + 0.0091 ～ 0.2 %を採用した会社　 1 社
   3.90 + 0.045 ～ 1.0 %を採用した会社　　 1 社
   3.90 %を採用した会社　　　　　　　　　 1 社
(3) 死差配当（危険保険金に対して、第 1 回全会社表、35 歳、男子の例）
   1000 円につき 1.20 円を採用した会社　　16 社
   1000 円につき 1.17 円を採用した会社　　 1 社
   1000 円につき 1.13 円を採用した会社　　 2 社
   1000 円につき 1.01 円を採用した会社　　 1 社
(4) 費差配当（満期保険金に対して）
   1000 円につき 1.20 円を採用した会社　　11 社
   1000 円につき 0.95 円を採用した会社　　 3 社
   1000 円につき 0.85 円を採用した会社　　 1 社
   1000 円につき 0.75 円を採用した会社　　 2 社
   1000 円につき 0.15 円を採用した会社　　 3 社（S59：285-6）

〈昭和 60 年度配当〉
(1) 責任準備金比例配当（利差配当）［前年度に同じ］
  4.25 ＋ 0.06 〜 1.3％を採用した会社 　　　15 社
  4.25 ＋ 1.1％を採用した会社 　　　　　　　1 社
  4.05 ＋ 0.06 〜 1.3％を採用した会社 　　　 1 社
  3.90 ＋ 0.045 〜 1.0％を採用した会社 　　 1 社
  3.90 ＋ 0.0091 〜 0.2％を採用した会社 　　1 社
  3.90％を採用した会社 　　　　　　　　　　1 社
(3) 危険保険金比例配当（死差配当）
 〈第 1 回全会社表、35 歳、男子〉［危険保険金に対して］
  1000 円につき 1.25 円を採用した会社 　　17 社
  1000 円につき 1.20 円を採用した会社 　　 1 社
  1000 円につき 1.19 円を採用した会社 　　 2 社
(4) 保険金比例配当（費差配当）［保険金に対して］
  1000 円につき 1.30 円を採用した会社 　　12 社
  1000 円につき 1.15 円を採用した会社 　　 1 社
  1000 円につき 1.05 円を採用した会社 　　 4 社
  1000 円につき 0.55 円を採用した会社 　　 3 社（S60：282-3）

〈昭和 61 年度配当〉
(1) 　責任準備金比例配当（利差配当）［前年度に同じ］
  4.25 ＋ 0.06 〜 1.3％を採用した会社 　　　16 社
  4.25 ＋ 1.1％を採用した会社 　　　　　　　1 社
  4.05 ＋ 0.06 〜 1.3％を採用した会社 　　　 1 社
  3.09 ＋ 0.045 〜 1.0％を採用した会社 　　 1 社
  3.09 ＋ 0.0091 〜 0.2％を採用した会社 　　1 社
  3.09％を採用した会社 　　　　　　　　　　1 社
 （ただし、いずれも 5 回目までの配当率は上記より 0.3％引き下げた率を適用）
(3) 危険保険金比例配当（死差配当）
 〈第 1 回全会社表、35 歳、男子〉［危険保険金に対して］
  1000 円につき 1.25 円を採用した会社 　　18 社
  1000 円につき 1.23 円を採用した会社 　　 1 社

1000 円につき 1.20 円を採用した会社　　1 社
1000 円につき 1.19 円を採用した会社　　1 社
(4) 保険金比例配当（費差配当）［保険金に対して］
1000 円につき 1.30 円を採用した会社　　12 社
1000 円につき 1.15 円を採用した会社　　1 社
1000 円につき 1.05 円を採用した会社　　5 社
1000 円につき 0.55 円を採用した会社　　3 社（S61：270）

〈昭和 62 年度配当〉
(1) 責任準備金比例配当（利差配当）｛前年度に同じ｝
・配当回数 5 回目まで　　3.5%
　配当回数 6 回目以降　　3.8% + 0.07% 〜 1.75%
　　　　　　　　　　　　　　　　を採用した会社　14 社
・配当回数 5 回目まで　　3.5%
　配当回数 6 回目以降　　3.8% + 1.1%
　　　　　　　　　　　　　　　　を採用した会社　　1 社
・配当回数 5 回目まで　　3.5%
　配当回数 6 回目以降　　3.8% + 0.056% 〜 1.4%
　　　　　　　　　　　　　　　　を採用した会社　　2 社
・配当回数 5 回目まで　　3.3%
　配当回数 6 回目以降　　3.6% + 0.056% 〜 1.4%
　　　　　　　　　　　　　　　　を採用した会社　　1 社
・配当回数 5 回目まで　　3.15%
　配当回数 6 回目以降　　3.45% + 0.06% 〜 1.5%
　　　　　　　　　　　　　　　　を採用した会社　　1 社
・配当回数 5 回目まで　　3.15%
　配当回数 6 回目以降　　3.45% + 0.01% 〜 0.25%
　　　　　　　　　　　　　　　　を採用した会社　　2 社
(3) 危険保険金比例配当（死差配当）
〈第 1 回全会社表、35 歳、男子〉｛危険保険金に対して｝
1000 円につき 1.25 円を採用した会社　　19 社
1000 円につき 1.23 円を採用した会社　　2 社
(4) 保険金比例配当（費差配当）［保険金に対して］

1000 円につき 1.30 円を採用した会社　12 社
1000 円につき 1.15 円を採用した会社　 1 社
1000 円につき 1.05 円を採用した会社　 5 社
1000 円につき 0.55 円を採用した会社　 3 社（S62：291）

〈昭和 63 年度配当〉
『銀行局金融年報』（昭和 63 年版）に該当する記述なし。

〈平成元年度配当〉
(1) 責任準備金比例配当（利差配当＋λ配当）［責任準備金に対して］
・配当回数 1 回目　　　2.5%
　　　　　2～5 回　　　 2.7%
　　　　　6 回目以降　　3.0%＋0.15%～2.55%
　　　　　　　　　　　　　　　　　を採用した会社　16 社
・配当回数 1 回目　　　2.5%
　　　　　2～4 回目　　 2.7%
　　　　　5 回目　　　　2.7%＋1.1%
　　　　　6 回目以降　　3.0%＋1.1%
　　　　　　　　　　　　　　　　　を採用した会社　 1 社
・配当回数 1 回目　　　2.4%
　　　　　2～5 回目　　 2.6%
　　　　　6 回目以降　　2.9%＋0.13%～2.05%
　　　　　　　　　　　　　　　　　を採用した会社　 1 社
・配当回数 5 回目まで　2.35%
　　　　　6 回目以降　　2.35%＋0.248%～2.6%
　　　　　　　　　　　　　　　　　を採用した会社　 1 社
・配当回数 5 回目まで　2.35%
　　　　　6 回目以降　　2.35%＋0.52%～2.44%
　　　　　　　　　　　　　　　　　を採用した会社　 1 社
・配当回数 1 回目　　　2.3%
　　　　　2～5 回目　　 2.5%
　　　　　6 回目以降　　2.8%＋0.086%～2.15%
　　　　　　　　　　　　　　　　　を採用した会社　 1 社

(3) 危険保険金比例配当（死差配当）
　　〈第 1 回全会社表、35 歳、男子〉［危険保険金に対して］
　　　1000 円につき 1.25 円を採用した会社　　19 社
　　　1000 円につき 1.23 円を採用した会社　　 2 社
(4) 保険金比例配当（費差配当）［保険金に対して］
　　　1000 円につき 1.60 円を採用した会社　　12 社
　　　1000 円につき 1.45 円を採用した会社　　 2 社
　　　1000 円につき 1.35 円を採用した会社　　 1 社
　　　1000 円につき 1.25 円を採用した会社　　 1 社
　　　1000 円につき 1.05 円を採用した会社　　 3 社
　　　1000 円につき 0.55 円を採用した会社　　 2 社（H1：274-5）

〈平成 2 年度配当〉
(1) 責任準備金比例配当（利差配当）［責任準備金に対して］
　　・配当回数 1 回目　　　2.5%
　　　　　　　2～5 回　　　2.7%
　　　　　　　6 回目以降　　3.0%を採用した会社　18 社
　　・一律　　　　　　　　2.35%を採用した会社　2 社
　　・配当回数 1 回目　　　2.3%
　　　　　　　2～5 回目　　2.5%
　　　　　　　6 回目以降　　2.8%を採用した会社　1 社
(4) 危険保険金比例配当（死差配当）
　　〈第 4 回全会社生命表、40 歳、男子〉
　　　0.20 円を採用した会社　　　　　　 1 社
　　　0.16 円を採用した会社　　　　　　 2 社
　　　0.13 円を採用した会社　　　　　　15 社
　　　0.05 円を採用した会社　　　　　　 1 社
　　　0.03 円を採用した会社　　　　　　 2 社
(5) 保険金比例配当（費差配当）［保険金 1000 円に対して］
　　　1.70 円を採用した会社　　　　　　13 社
　　　1.68 円を採用した会社　　　　　　 1 社
　　　1.60 円を採用した会社　　　　　　 1 社
　　　1.35 円を採用した会社　　　　　　 1 社

1.20 円を採用した会社	1 社	
1.05 円を採用した会社	1 社	
0.55 円を採用した会社	2 社	（H2：281-2）

〈平成3年度配当〉
(1) 責任準備金比例配当（利差配当）〈予定利率4％の契約の場合〉
　　［責任準備金に対して］
　　・一律　　　　　　　2.5％を採用した会社　18社
　　・配当回数1回目　　2.35％
　　　　　2回目以降　　2.5％を採用した会社　1社
　　・一律　　　　　　　2.3％を採用した会社　2社
(4) 危険保険金比例配当（死差配当）〈第4回全会社生命表、40歳、男子〉
　　［危険保険金1000円に対して］
　　　0.38 円を採用した会社　　　　　1 社
　　　0.29 円を採用した会社　　　　　1 社
　　　0.28 円を採用した会社　　　　　1 社
　　　0.26 円を採用した会社　　　　　1 社
　　　0.23 円を採用した会社　　　　14 社
　　　0.15 円を採用した会社　　　　　1 社
　　　0.13 円を採用した会社　　　　　2 社
(5) 保険金比例配当（費差配当）〈第4回全会社生命表の場合〉
　　［保険金1000円に対して］
　　　0.70 円を採用した会社　　　　11 社
　　　0.68 円を採用した会社　　　　　1 社
　　　0.65 円を採用した会社　　　　　1 社
　　　0.60 円を採用した会社　　　　　1 社
　　　0.55 円を採用した会社　　　　　1 社
　　　0.35 円を採用した会社　　　　　3 社
　　　0.00 円を採用した会社　　　　　3 社　（H3：245-6）

〈平成4年度配当〉
(1) 責任準備金比例配当（利差配当）〈予定利率4％の契約の場合〉
　　［責任準備金に対して］

・一律 2.0％を採用した会社　　　　　　19 社
・一律 1.8％を採用した会社　　　　　　 2 社
(4) 危険保険金比例配当（死差配当）〈第 4 回全会社生命表、40 歳、男子〉
　　［危険保険金 1000 円に対して］
　　　　0.38 円を採用した会社　　　　　　 1 社
　　　　0.28 円を採用した会社　　　　　　 1 社
　　　　0.26 円を採用した会社　　　　　　 1 社
　　　　0.23 円を採用した会社　　　　　　15 社
　　　　0.15 円を採用した会社　　　　　　 1 社
　　　　0.13 円を採用した会社　　　　　　 2 社
(5) 保険金比例配当（費差配当）〈第 4 回全会社生命表の場合〉
　　［保険金 1000 円に対して］
　　　　0.80 円を採用した会社　　　　　　10 社
　　　　0.78 円を採用した会社　　　　　　 1 社
　　　　0.70 円を採用した会社　　　　　　 2 社
　　　　0.45 円を採用した会社　　　　　　 1 社
　　　　0.35 円を採用した会社　　　　　　 4 社
　　　　0.00 円を採用した会社　　　　　　 3 社（H4：254-5）

〈平成 5 年度配当〉
(1) 責任準備金比例配当（利差配当）〈予定利率 4％の契約の場合〉
　　［責任準備金に対して］
　　・一律 1.0％を採用した会社　　　　　　21 社
(4) 危険保険金比例配当（死差配当）〈第 4 回全会社生命表、40 歳、男子〉
　　［危険保険金 1000 円に対して］
　　　　0.38 円を採用した会社　　　　　　 1 社
　　　　0.28 円を採用した会社　　　　　　 1 社
　　　　0.26 円を採用した会社　　　　　　 1 社
　　　　0.23 円を採用した会社　　　　　　15 社
　　　　0.15 円を採用した会社　　　　　　 1 社
　　　　0.13 円を採用した会社　　　　　　 2 社
(5) 保険金比例配当（費差配当）
　　［保険金 1000 円に対して］

0.80 円を採用した会社	11	社
0.70 円を採用した会社	1	社
0.65 円を採用した会社	1	社
0.45 円を採用した会社	1	社
0.35 円を採用した会社	4	社
0.00 円を採用した会社	3	社 (H5：254)

以　上

あ と が き

　筆者の研究テーマは保険経営史である。そのため、わが国のような後発資本主義国において、ここまで保険制度が普及したのはなぜなのか、なぜわが国では官僚制が物事を動かしてきたのか、等々に関して常に疑問を感じており、さらにその答も、歴史抜きには見つけられないと考えている。特に保険制度は、国民一人ひとりとの関係なしには成立しない。それだけに、就業構造、学歴・給与水準、意識・価値観の変化等々が重要な分析項目となってくる。こうした項目の一つひとつに歴史があり、わが国固有の特殊性が内包されている。同様に保険経営についても、歴史のうえに現在があることに、疑問の余地はないと考えている。

　こうした考え方から、本書の執筆にあたっても、『銀行局金融年報』あるいは答申といった公表資料を引用しながら、第④分野の自由化を産業史的視点からまとめてみた。引用が冗長との批判もあると覚悟しているが、同時に資料的価値を認めてくれる読者も少なくないことを期待している。大蔵省・業界が何にこだわり、何を守ろうとしたのか等、公表資料の行間から、ある程度の絵解きはできたと自負している。

　歴史観は人それぞれであり、正解はないといわれている。本書も筆者の歴史観に基づく一つの見方に過ぎない。しかし低成長経済からの脱却を可能とする有効な処方箋が見つけられないなかで、老後生活も含め国民一人ひとりの自己責任が厳しく問われる社会へと変化せざるをえない現実については、何人といえども否定できないのではないだろうか。

　本書の骨格を固め、さあ執筆という 09 年 8 月前立腺癌が発見され、転移検査・ホルモン剤療法・手術・術後の体力回復等におよそ 1 年半を費やした。また、本年 3 月 11 日の東日本大震災発生時には、生保協会（東京丸の内）の資料室にいて帰宅難民を経験してしまうなど、引用文献等参考資料の収集・確認に想定以上の時間を要することとなってしまった。さらにその後数カ月間は、マスコミで連日報道された原発事故・震災現場の状

況等に、ここ数年間のわが国政治・経済の停滞が重なり、「これからの日本の行く末」に気をとられてしまい、執筆に集中できなかった。

しかし、復興に向けた東北の人々あるいはボランティアの人々の動静をみるにつけ、「今、自分のなすべきことは何か」を考えるようになった。「2度あることは3度ある。人生は短く、このままではチャンスを失うかもしれない。」と考え、このタイミングでの執筆となった次第である。

執筆を終え、金融業界のみならず他の産業界も含め第二、第三の保険金不払い問題が出来するのでは、との危機感を強く感じた。

たとえば、ここ1・2年の間に大きな話題となっている自転車走行の問題である。これまでは、全くといってよいほど見向きもしなかった警察庁が突然違反摘発に乗り出し、交通切符さえ切るようになった。しかし、自転車専用レーンの未整備等道路事情は全く変わっておらず、また自転車利用者に対する啓蒙活動もほとんど実施されないままである。筆者自身、歩行中に自転車運転者のマナーの悪さに危険を感じたことが一度ならずあり、警察庁の方針転換には大賛成であるが、それでも環境未整備のまま違反摘発に乗り出すことには若干の疑問を感じざるをえない。ここでも、わが国の行政機関が、環境整備することなく、変更した政策をいきなり国民に適用するのが行政のあるべき姿と認識していることを、再確認させられた。

一方、事前の防災教育の徹底が、多くの学童を津波から救った実例が紹介されている。ここでは、事前教育の重要性が各方面から指摘されている。それだけに国民一人ひとりの身の処し方につながる金融経済教育の徹底に、行政が方針変更することを期待したい。同時に、金融経済教育の徹底により、国民の意識・行動原理が変化する時間が、まだ残されていると信じたい。

本書が、金融経済教育の充実にむけた一助となれば、望外の幸せである。

　　2011年晩秋　八ヶ岳山麓　野辺山高原にて

　　　　　　　　　　　　　　　　　　　　　　　　　佐藤　保久

【著者略歴】

佐藤　保久（さとう・やすひさ）

1943 年生
1966 年　　慶應義塾大学商学部卒
　　　　　　明治生命保険（現明治安田生命保険）相互会社
1998 年　　香川大学教授
2006 年　　流通科学大学教授

この間、1985 年日本証券アナリスト協会検定会員、1997 年博士（商学）慶應義塾大学。

主要業績：『資本主義と生命保険マーケティング』千倉書房、1996 年、
　　　　　『資本主義と近代生命保険業』千倉書房、2003 年、他論文多数。

金融自由化と金融経済教育
保険料自由化に学ぶ金融風土変革のあり方

2012 年 3 月 20 日初版第一刷発行

著　者　　佐藤保久

発行者　　田中きく代
発行所　　関西学院大学出版会
所在地　　〒 662-0891
　　　　　兵庫県西宮市上ケ原一番町 1-155
電　話　　0798-53-7002

印　刷　　石川特殊特急製本株式会社

©2012 Yasuhisa Sato
Printed in Japan by Kwansei Gakuin University Press
ISBN 978-4-86283-110-1
乱丁・落丁本はお取り替えいたします。
本書の全部または一部を無断で複写・複製することを禁じます。
http://www.kwansei.ac.jp/press